当 | 代 | 中 | 国 | 智 | 库 | 丛 | 书

中国城市
畅通国内大循环机制
评估报告 · 2024

Assessment Report on Mechanisms for
Promoting Smooth Domestic Circulation of
Chinese Cities, 2024

中国城市畅通国内大循环机制研究课题组　著

当代中国出版社
Contemporary China Publishing House

图书在版编目（CIP）数据

中国城市畅通国内大循环机制评估报告. 2024 / 中国城市畅通国内大循环机制研究课题组著. -- 北京：当代中国出版社, 2024. 8. -- ISBN 978-7-5154-1439-3

Ⅰ. F124.5

中国国家版本馆 CIP 数据核字第 2024LS1315 号

出 版 人　王　茵
责任编辑　刘　照
责任校对　贾云华　康　莹
印刷监制　刘艳平
封面设计　李默涵
出版发行　当代中国出版社
地　　址　北京市地安门西大街旌勇里 8 号
网　　址　http://www.ddzg.net
邮政编码　100009
编 辑 部　(010)66572744
市 场 部　(010)66572281　66572157
印　　刷　中国电影出版社印刷厂
开　　本　710 毫米×1000 毫米　1/16
印　　张　11.25 印张　2 插页　94 千字
版　　次　2024 年 8 月第 1 版
印　　次　2024 年 8 月第 1 次印刷
定　　价　49.00 元

当代中国智库丛书出版说明

党的十八大以来，以习近平同志为核心的党中央高度重视中国特色新型智库建设。中国特色新型智库是党和政府科学民主依法决策的重要支撑，是国家治理体系和治理能力现代化的重要内容，是国家软实力的重要组成部分。

中国特色新型智库，突出“中国”，以中国实践为基础，以中国问题为导向，解决中国问题，形成中国学派；筑牢“特色”，坚持中国特色社会主义方向；打造“新型”，立足应用、问题前瞻、保持开放。

当前，我们面临着百年未有的历史变局。

一方面，中国特色社会主义进入新时代，正向着全面建成社会主义现代化强国、加快发展新质生产力、扎实推进高质量发展、以中国式现代化全面推进中华民族伟大复兴的新征程迈进。另一方面，当今世界处于动荡变革期，世界之变、时代之变、历史之变正以前所未有的方式展开，不稳定性不确定性突出，新时代中国特色社会主义事业面临着复杂多变的挑战，这种历史境遇迫切需要我们健全中国特色决策支撑体系，大力加强智库建设，以科学咨询支撑科学决策，以科学决策引领科学发展。由此，汇聚中国哲学社会科学顶级头脑、智囊的思想结晶，发挥新型智库的重要作用，为党和国家所亟待解决的重点难点问题提供及时可靠的信息参考与精准有效的建言对策，将有助于我国在百年未有之大变局面前始终保持战略定力，能够从容应对日趋复杂多变的国际局势。

当代中国出版社推出的“当代中国智库丛书”，着眼于全面建设社会主义现代化国家、全面推进中华民族伟大复兴新征程中的战略性问题，以中国社会科学院这一为党中央和国家决策服务的思想库为依托，汇集涵盖各级社科院、党校行政学院、高校、科技创新智库和企业智库以及社会智库等全国哲学社会科学界最具战略性、前瞻性的高端智库的最新成果，形成具备一定出版规模和社会影响的智库产品，以“关注当代，阅读中国”的出版理念助力打造中国特色新型智库。

我们将以“当代中国智库丛书”的出版为契机，投入到中国特色新型智库的建设中去。同时，我们也相信，该丛书将汇集起各界胸怀“国之大者”的有识之士，共同为实现第二个百年奋斗目标而踔厉奋发。

当代中国出版社

2024 年 4 月

课题组成员

支振锋　中国社会科学院法学研究所研究员、中国社会科学院图书馆法学分馆馆长，《环球法律评论》副主编，中组部国家万人计划哲学社会科学领军人才、中宣部文化名家暨四个一批人才、中国社会科学院领军人才、全国杰出青年法学家提名奖。主要研究领域为法理学、数字经济、营商环境等。“中国城市畅通国内大循环机制研究课题组”首席专家、组长。

李勇坚　中国社会科学院财经战略研究院研究员，主要研究方向为数字经济、服务经济增长理论。“中国城市畅通国内大循环机制研究课题组”首席专家。

江　宇　国务院发展研究中心研究员，主要研究方向为当代中国经济、发展经济学、国有企业、乡村振兴等。“中国城市畅通国内大循环机制研究课题组”首席专家。

李广乾　国务院发展研究中心研究员，主要研究方向为信息技术产业与国家信息化与数字经济发展战略、中药产业保护政策等。“中国城市畅通国内大循环机制研究课题组”首席专家。

孟天广　清华大学社科学院政治学系长聘教授，研究领域包括中国政府与政治、大数据与政府治理、网络与信息政治学、计算社会科学等。“中国城市畅通国内大循环机制研究课题组”首席专家。

刘瑞明　中国人民大学国家发展与战略研究院教授，主要研究转型经济学、发展经济学。“中国城市畅通国内大循环机制研究课题组”首席专家。

田　丽　北京大学互联网发展研究中心研究员、主任，兼任中关村实验室双聘专家，主要研究领域为新媒体产业经营与管理、网络社会治理等。“中国城市畅通国内大循环机制研究课题组”首席专家。

张真理　北京市社会科学院法治研究所所长、研究员，研究领域为法理学、营商环境。

“中国城市畅通国内大循环机制研究课题组”首席专家。

刘朋朋 中国社会科学院政治学研究所助理研究员，研究领域为公共管理、中国政治。“中国城市畅通国内大循环机制研究课题组”首席专家。

韩莹莹 北京物资学院助理研究员，研究领域为民商法。“中国城市畅通国内大循环机制研究课题组”成员。

刘佳琨 中国社会科学院大学法学院博士研究生，“中国城市畅通国内大循环机制研究课题组”成员。

尉　晋 中国社会科学院大学法学院硕士研究生，“中国城市畅通国内大循环机制研究课题组”成员。

顾颖锐 中国社会科学院大学法学院硕士研究生，“中国城市畅通国内大循环机制研究课题组”成员。

赵静雯 中国社会科学院大学法学院硕士研究生，“中国城市畅通国内大循环机制研究课题组”成员。

郑开心　中国社会科学院大学法学院硕士研究生，“中国城市畅通国内大循环机制研究课题组”成员。

范夏欣　北京师范大学法学院博士研究生，“中国城市畅通国内大循环机制研究课题组”成员。

刘希兰　中国社会科学院大学应用经济学院博士研究生，“中国城市畅通国内大循环机制研究课题组”成员。

刘宗豪　中国社会科学院大学应用经济学院博士研究生，“中国城市畅通国内大循环机制研究课题组”成员。

目　　录

第一章　畅通国内大循环是构建新发展格局的基础工程

党的二十届三中全会指出，“当前和今后一个时期是以中国式现代化全面推进强国建设、民族复兴伟业的关键时期”。[①] 新中国成立七十五年来，我们党领导人民创造了世所罕见的经济快速发展奇迹和社会长期稳定奇迹，中华民族迎来了从站起来、富起来到强起来的伟大飞跃。“行百里者半九十”。当前世界百年未有之大变局加速演进，特别是外部打压遏制不断升级，我国发展不平衡不充分问题依然突出，重大风险挑战严峻复杂，各种不确定难预料因素增多。着眼于我国发展阶段、环境和条件的变化，党中央作出“构建以国内大循环为主体、国内国际双循环相互促进的新发展格局”的重大决策，从深

---

① 《中共中央关于进一步全面深化改革 推进中国式现代化的决定》，载《人民日报》2024 年 7 月 22 日，第 1 版。

化供给侧结构性改革、扩大内需、畅通经济循环等方面擘画了我国今后发展的战略蓝图。经济循环是马克思主义政治经济学的重要概念，是链接生产、分配、流通、消费的系统过程。畅通国内大循环是应对国际环境变化和外部需求减弱、推进供给侧结构性改革、实现更高水平供需平衡的前提，因而是构建新发展格局的基础性工程。

一、高质量发展面临的新挑战迫切要求畅通国内大循环

以中国式现代化全面推进中华民族伟大复兴的关键时期，也是发展机遇和风险挑战并存的时期。国内外形势日趋复杂，“黑天鹅”与“灰犀牛”事件随时可能发生，但新一轮科技革命和产业变革带来的发展机遇也前所未有。加快构建以国内大循环为主体、国内国际双循环相互促进的新发展格局，是统筹发展和安全作出的战略决策，是贯彻新发展理念、推动高质量发展的战略举措，也是把握发展主动权的战略部署。畅通国内大循环在构建新发展格局中居于主体地位、发挥主导作用，是推动我国发展不断释放新动能、焕发新活力、迈上新台阶的关键步骤。

（一）国际环境风高浪急

2022年7月，习近平总书记在省部级主要领导干部专题研讨班上发表重要讲话指出：“当前，世界百年未有之大变局加速演进，世界之变、时代之变、历史之变的特征更加明显。”[①] 当今全球治理体系正在发生深刻变革，国际经济环境发生剧烈变动，国际力量对比发生深刻调整，全球发展和安全形势复杂。

变乱交织的国际局势加剧全球经济发展不确定性。地缘政治冲突不断影响全球经济，国际大宗商品价格上涨，能源市场剧烈震荡，全球经济循环中的资源供应稳定性急剧下降。世界治理运行机制趋向碎片化，地缘博弈思维破坏大国对话与合作，使大国从合作状态走向竞争乃至对抗状态。全球贸易摩擦和贸易保护主义抬头，发达经济体宏观政策负面效应外溢，全球产业链供应链断裂更加严重。

我国发展的外部环境急剧变化。以美国为首的西方国家对我国实施了全方位的遏制、围堵、打压，给我国发展带来前所未有的严峻挑战。[②] 美国颁布《芯片与科学

① 《习近平在省部级主要领导干部“学习习近平总书记重要讲话精神，迎接党的二十大”专题研讨班上发表重要讲话强调 高举中国特色社会主义伟大旗帜 奋力谱写全面建设社会主义现代化国家崭新篇章》，载《人民日报》2022年7月28日，第1版。

② 参见《习近平在看望参加政协会议的民建工商联界委员时强调 正确引导民营经济健康发展高质量发展》，载《人民日报》2023年03月07日，第1版。

法案》，鼓动盟友对华切断半导体芯片供应，并以“国家安全”为由将大批中国企业列入出口管制“实体清单”，千方百计干扰我国参与全球分工，阻挠我国拓展全球市场。随着全球经济增长陷入滞胀期，外部需求不断收缩，我国对外贸易受到更大冲击，原有的市场和资源“两头在外，大进大出”的发展模式遭遇严峻挑战。

新一轮产业技术革命加剧全球竞争。产业技术变革是推动生产力跃迁、经济社会发展的有力杠杆，重塑了全球分工体系和竞争格局，技术垄断、资源集中、贸易壁垒加剧使不同国家、地区间技术鸿沟进一步扩大，全球经济失衡更加严重。抓不住新一轮产业技术革命的机遇，不仅仅会错失发展良机，还事关国家兴亡、民族盛衰、文明荣枯。美国鼓吹“脱钩断链”、构筑“小院高墙”，通过科技垄断、技术封锁、贸易限制干扰我国创新发展，阻挠全球产业链供应链中技术、人才等要素向我国流动。不断鼓动对华“去风险化”，事实上是妄图在全球科技创新版图中实现“去中国化”。

（二）高质量发展使命逼人

2022 年 10 月 16 日，习近平总书记在党的二十大报告中指出：“我们要坚持以推动高质量发展为主题，把实施扩大内需战略同深化供给侧结构性改革有机结合起来，增强国内大循环内生动力和可靠性，提升国际循环质量和水平。”[①] 这明确了国内国际双循环的战略方向，就是引领经济持续高质量发展，强化经济安全与韧性。

党的二十届三中全会进一步强调，“高质量发展是全面建设社会主义现代化国家的首要任务”。[②] 发展是解决我国一切问题的基础和关键。高质量发展就是能够很好满足人民日益增长的美好生活需要的发展，是坚持创新、协调、绿色、开放、共享相统一的发展。高质量发展以人民为中心，以宏观经济稳定性增强为目标，以创新为驱动力，以生态优先、绿色发展为引领，是坚持市场化法治化国际化的发展。高质量发展所要求的供给平衡、新质生产力跃升、数字技术和实体经济深度融合、产业链供应链贯通坚韧，都是畅通国内大循环的本质要求，也是畅通国内大循环的目标取向。

（三）构建全国统一大市场任重道远

2023 年 1 月 31 日，习近平总书记在中共中央政治局第二次集体学习时强调，要“深化要素市场化改革，建

---

① 《高举中国特色社会主义伟大旗帜　为全面建设社会主义现代化国家而团结奋斗——在中国共产党第二十次全国代表大会上的报告》（2022 年 10 月 16 日），载《人民日报》2022 年 10 月 26 日，第 3 版。

② 《中共中央关于进一步全面深化改革　推进中国式现代化的决定》，载《人民日报》2024 年 7 月 22 日，第 2 版。

设高标准市场体系，加快构建全国统一大市场”。[①] 通过生产、流通、分配、消费等各个环节畅通国内大循环，建设高效规范、公平竞争、充分开放的全国统一大市场，是构建新发展格局的基础支撑和内在要求。

党的二十届三中全会指出，“高水平社会主义市场经济体制是中国式现代化的重要保障，要构建全国统一大市场，完善市场经济基础制度”。[②] 建设全国统一大市场是发挥我国超大规模市场优势、畅通经济循环的重要前提。全国统一大市场意味着更完善的市场机制、更公平和有活力的市场环境、资源配置效率最优化和效益最大化，核心就是既“放得活”又“管得住”，形成统一的要素和资源市场，使各类市场主体能平等便捷获取市场资源，促进各类生产要素在更大范围内有序流动，为释放超大规模市场潜力提供有利条件。并通过更好维护市场秩序、弥补市场失灵，增强消费信心、扩大消费需求，畅通国民经济循环，激发全社会内生动力和创新活力。

畅通国内大循环以市场机制为基础，需要能够促进良性竞争、降低制度性交易成本的高标准市场体系。《中共中央 国务院关于新时代加快完善社会主义市场经济体

---

① 《加快构建新发展格局 增强发展的安全性主动权》，载《人民日报》2023年2月2日，第1版。

② 《中共中央关于进一步全面深化改革 推进中国式现代化的决定》，载《人民日报》2024年7月22日，第1版。

制的意见》[①] 强调，社会主义市场经济本质上是法治经济，以保护产权、维护契约、统一市场、平等交换、公平竞争、有效监管为基本导向。只有完善社会主义市场经济法律制度，才能为市场主体活动提供公平、稳定、可预期的法治环境。

二、畅通国内大循环的科学内涵

尽管目前我国经济面临较大外部压力，但仍处于发展的重要战略机遇期，经济发展长期向好的基本面没有变，经济结构调整优化的前进态势没有变。大国经济的优势就是内部循环有广阔空间，牢牢把握住这一点，协同推进供给侧结构性改革和扩大内需战略，以全面深化改革推动构建新发展格局，才能更好发挥主观能动性，把握发展主动权，构建以国内大循环为基础的双循环统一体。

（一）畅通国内大循环的战略部署

2020 年 4 月 10 日，习近平总书记在中央财经委员会第七次会议上首次提出“新发展格局”：“国内循环越顺

① 《中共中央 国务院关于新时代加快完善社会主义市场经济体制的意见》，载《光明日报》2020 年 5 月 19 日，第 16 版。

畅，越能形成对全球资源要素的引力场，越有利于构建以国内大循环为主体、国内国际双循环相互促进的新发展格局，越有利于形成参与国际竞争和合作新优势。”[①]总书记的这一论断深刻阐明了国内经济循环与参与国际竞争合作的关系，表明了扩大内需和扩大开放并不矛盾，畅通国内大循环、实现以国内大循环为主体的同时，也能够更好地实现国内国际双循环相互促进的新发展格局。

围绕“构建以国内大循环为主体、国内国际双循环相互促进的新发展格局”，以习近平同志为核心的党中央作出一系列战略部署。2020 年 5 月 14 日召开的中央政治局常委会中指出，“充分发挥我国超大规模市场优势和内需潜力，构建国内国际双循环相互促进的新发展格局”。[②]这次会议明确将深化供给侧结构性改革与新发展格局相联系，强调抓紧布局战略性新兴产业、未来产业，提升产业基础高级化、产业链现代化水平；加强科技创新和技术攻关，强化关键环节、关键领域、关键产品保障能力。2020 年 5 月 23 日，习近平总书记在看望参加全国政协十三届三次会议的经济界委员、参加联组会时的讲话，进一步明确了畅通国内大循环的重点工作：“面向未来，

① 《国家中长期经济社会发展战略若干重大问题》，载《求是》2020 年第 21 期。

② 《中共中央政治局常务委员会召开会议 分析国内外新冠肺炎疫情防控形势 研究部署抓好常态化疫情防控措施落地见效 研究提升产业链供应链稳定性和竞争力》，载《光明日报》2020 年 5 月 15 日，第 1 版。

我们要把满足国内需求作为发展的出发点和落脚点，加快构建完整的内需体系，大力推进科技创新及其他各方面创新，加快推进数字经济、智能制造、生命健康、新材料等战略性新兴产业，形成更多新的增长点、增长极，着力打通生产、分配、流通、消费各个环节，逐步形成以国内大循环为主体、国内国际双循环相互促进的新发展格局，培育新形势下我国参与国际合作和竞争新优势。”[①] 2020 年 7 月 21 日，习近平总书记在主持召开企业家座谈会时强调了国内大循环对于应对外部风险挑战的意义：“在当前保护主义上升、世界经济低迷、全球市场萎缩的外部环境下，我们必须集中力量办好自己的事，充分发挥国内超大规模市场优势，逐步形成以国内大循环为主体、国内国际双循环相互促进的新发展格局，提升产业链供应链现代化水平，大力推动科技创新，加快关键核心技术攻关，打造未来发展新优势。”[②] 2020 年 7 月 30 日，中央政治局会议就“加快形成以国内大循环为主体、国内国际双循环相互促进的新发展格局”作出进一步战略部署。[③]

---

① 《坚持用全面辩证长远眼光分析经济形势 努力在危机中育新机于变局中开新局》，载《光明日报》2020 年 5 月 24 日，第 1 版。

② 《激发市场主体活力弘扬企业家精神 推动企业发挥更大作用实现更大发展》，载《光明日报》2020 年 7 月 22 日，第 1 版。

③ 《决定召开十九届五中全会 分析研究当前经济形势和经济工作》，载《光明日报》2020 年 7 月 31 日，第 1 版。

2020年10月29日，党的十九届五中全会审议通过了《中共中央关于制定国民经济和社会发展第十四个五年规划和二〇三五年远景目标的建议》，将“加快形成以国内大循环为主体、国内国际双循环相互促进的新发展格局”列入了“十四五”时期经济社会发展的指导思想。畅通国内大循环正式被纳入国家的中长期发展战略之中。

畅通国内大循环是统筹中华民族伟大复兴战略全局和世界百年未有之大变局的战略决策。以国内大循环为主体绝不是关起门来封闭运行，而是通过发挥内需潜力，使国内市场和国际市场更好联通，更好利用国内国际两个市场、两种资源，实现更加强劲可持续的发展，是以更加完善的内需体系提升国际吸引力、提高对外开放水平，而不是把国内、国际双循环割裂开。畅通国内大循环是一项宏大的系统性工程，在复杂多变、风高浪急的国际环境下，使我国经济发展能够实现技术先进、产业完善、结构优化、流通便捷、市场活跃、稳健高效，确保即便在极端情况下也不被“卡脖子”，国民经济仍然能够循环畅通，形成对全球资源要素更强劲的引力场。

近年来，中央层面围绕畅通国内大循环出台了一系列政策文件，涉及科技创新、产业优化、扩大内需、区域协同等各个领域（见表1）。

表1　国家层面近年来与畅通国内大循环有关的政策文件（部分）

主题	文件名称	出台时间	出台部门
创新驱动	《国家创新驱动发展战略纲要》	2016年5月	中共中央、国务院
	《推动高质量发展建设共同富裕示范区科技创新行动方案》	2022年1月15日	科技部、浙江省人民政府
	《我国支持科技创新主要税费优惠政策指引》	2024年3月12日	财政部
	《中国证监会关于深化科创板改革 服务科技创新和新质生产力发展的八条措施》	2024年6月19日	中国证监会
产业优化	《全链条支持创新药发展实施方案》	2024年7月5日	国务院
	《中小企业数字化转型指南》	2022年11月3日	工业和信息化部
	《数字商务三年行动计划（2024—2026年）》	2024年4月26日	商务部
	《原材料工业数字化转型工作方案（2024—2026年）》	2024年1月16日	工业和信息化部等九部门
就业创业	《国务院关于激发重点群体活力带动城乡居民增收的实施意见》	2016年10月10日	国务院
	《国务院关于进一步做好稳就业工作的意见》	2019年12月13日	国务院
	《国务院办公厅关于优化调整稳就业政策措施全力促发展惠民生的通知》	2023年04月26日	国务院办公厅

续表

主题	文件名称	出台时间	出台部门
营商环境	《中共中央 国务院关于加快建设全国统一大市场的意见》	2022 年 4 月 10 日	中共中央、国务院
	《国务院办公厅关于服务“六稳”“六保”进一步做好“放管服”改革有关工作的意见》	2021 年 4 月 15 日	国务院办公厅
	《公平竞争审查条例》	2024 年 6 月 6 日	国务院
	《公平竞争审查制度实施细则》	2021 年 6 月 29 日	国家市场监督管理总局等五部门
	《关于开展妨碍统一市场和公平竞争的政策措施清理工作的通知》	2023 年 6 月 28 日	国家市场监督管理总局等四部门
深化改革	《中共中央关于进一步全面深化改革 推进中国式现代化的决定》	2024 年 7 月 21 日	中共中央
	《深化党和国家机构改革方案》	2018 年 2 月 28 日	中共中央
	《中共中央 国务院关于新时代加快完善社会主义市场经济体制的意见》	2020 年 5 月 11 日	中共中央、国务院
区域协同	《粤港澳大湾区发展规划纲要》	2019 年 2 月 18 日	中共中央、国务院
	《国家发展改革委关于培育发展现代化都市圈的指导意见》	2019 年 2 月 19 日	国家发展改革委
	《国家发展改革委关于推动长江三角洲区域公共资源交易一体化发展的意见》	2022 年 3 月 8 日	国家发展改革委

（二）实现供给侧结构性改革与扩大内需战略有机结合

供给和需求是经济发展的一体两面，两者之间平衡是相对的，不平衡是绝对的。[①] 深化供给侧结构性改革是畅通国内大循环的动力引擎，以科技创新推动产业创新，改善供给体系的供给效率和质量，破除束缚产业、企业活力的体制机制障碍，才能畅通产业链和创新链，畅通市场体系和供求循环，畅通金融和实体经济之间的循环。扩大内需是畅通国内大循环的现实基础，14 亿人口的庞大市场、4 亿多中等收入群体的巨大购买力是拉动中国经济增长的主要力量，更是中国经济平稳运行的“压舱石”和“稳定器”。

推进供给侧结构性改革是提升供给体系的创新力和关联性，畅通国内大循环的治本之策。目前，我国经济运行面临的主要矛盾仍然在供给侧，供给结构不能适应需求结构变化，产品和服务的品种、质量难以满足多层次、多样化市场需求。[②] 深化供给侧结构性改革，能够提高供给体系对国内需求的满足能力，以创新驱动、高质量供给引领和创造新需求。市场化、法治化手段不仅能

---

① 参见《把实施扩大内需战略同深化供给侧结构性改革有机结合起来》，载《人民日报》2022 年 11 月 4 日，第 6 版。

② 参见《把实施扩大内需战略同深化供给侧结构性改革有机结合起来》，载《人民日报》2022 年 11 月 4 日，第 6 版。

增强微观主体活力、提升产业链水平，更能提升我国供给体系质量和效率，促进新动能加快成长，最终畅通国民经济循环。

实施扩大内需战略是应对外部冲击、稳定经济运行，以国内良性发展促成双循环的有效途径。扩大内需战略的出发点和落脚点是全面保障民生、促进均衡发展，关键在于完善收入分配，以绿色、安全、优质的新消费引领新供给和塑造新市场，驱动国内经济良性循环。随着居民需求层次与购买力不断提升，对商品和服务的质量要求也越来越高。实施扩大内需战略，将通过构建强大国内市场，打破阻碍国内外供求匹配的市场壁垒，从而倒逼供给结构提升，促成双循环格局。[①]

（三）以国内大循环为基础构建双循环统一体

畅通国内大循环不是走封闭僵化的老路，不是闭关自守、自给自足、自我循环，而是以强大市场的内生动力吸引全球资源要素流动，最终实现双循环统一。

国内大循环是国内国际双循环的主体和基础，两者是有机统一的整体。国际市场是国内市场的延伸，国内大循环对应着国际大循环，今天谈国内大循环，并不是

① 参见《以扩大内需为基点畅通双循环》，载《黑龙江日报》2020 年 11 月 15 日，第 4 版。

说中国经济过去没有形成内部的国民经济循环，而是在把握新发展阶段本质的基础上要求更高层级的国际大循环和更高水平的国内大循环。

畅通国内大循环有助于我国参与全球经济治理，不仅为我国经济发展增添动力，还将为世界经济复苏作出重要贡献。畅通国内大循环，发挥我国超大规模市场优势，将为世界各国提供更加广阔的市场机会，吸引全球商品和资源要素，打造新的国际合作和竞争优势。通过开放合作的双循环，我国能够实现更大范围、更宽领域、更深层次的对外开放，更加紧密地同世界经济联系互动，提升国内大循环的效率和水平。

（四）以全面深化改革推动构建新发展格局

2023 年 1 月 31 日，习近平总书记在主持二十届中央政治局第二次集体学习时强调，“要坚持问题导向和系统观念，着力破除制约加快构建新发展格局的主要矛盾和问题，全面深化改革，推进实践创新、制度创新，不断扬优势、补短板、强弱项”。[①] 畅通国内大循环、构建新发展格局是发展问题，也是改革问题。充满活力的市场主体、科学有效的激励机制、鼓励创新的制度环境，高

① 《加快构建新发展格局 增强发展的安全性主动权》，载《人民日报》2023 年 2 月 2 日，第 1 版。

效规范、公平竞争、充分开放的国内统一大市场，高标准的市场化、法治化、国际化营商环境，都是畅通国内大循环、构建新发展格局的必要条件，也必须通过全面深化改革来完成。破除妨碍要素自由流动和市场化配置的体制机制障碍，扫除导致国内大循环堵点、痛点的制度壁垒、观念阻碍和利益羁绊，是畅通国内大循环、构建新发展格局的制度前提。[①] “两个毫不动摇”的体制机制、高标准市场体系、更高水平开放型经济新体制等各方面的工作，都是畅通国内大循环的内在要求，也是对进一步全面深化改革的强烈呼唤。

三、畅通国内大循环的实践要求

2023 年 12 月 11 日至 12 日的中央经济工作会议指出，“必须坚持深化供给侧结构性改革和着力扩大有效需求协同发力，发挥超大规模市场和强大生产能力的优势，使国内大循环建立在内需主动力的基础上，提升国际循环质量和水平”。党的十八大以来，中央从国内大循环的堵点、痛点等实际发展问题出发，着眼于构建以国内大循环为主体的双循环体系，着力激活需求潜力、提升供

① 参见《把实施扩大内需战略同深化供给侧结构性改革有机结合起来》，载《人民日报》2022 年 11 月 4 日，第 6 版。

给能力，通过全面深化改革增强产业链韧性、提升国际循环质量，以自身发展的确定性应对外部环境不确定性。在畅通国内大循环的创新实践中，中国经济高质量发展的步伐坚定向前。

（一）着力提升供给能力

在国民经济循环中，经济发展最终靠供给推动，从长期看是供给创造需求。发展永无止境，国内大循环中的供给质量提升和结构升级也永无止境。畅通国内大循环，坚持深化供给侧结构性改革，就是要发挥创新的第一动力作用，持续推动科技创新、制度创新，着力突破供给堵点，以自主可控、优质有效的供给满足和创造需求。

自提出供给侧结构性改革以来，中央与各级地方政府围绕“三去一降一补”五大任务、“巩固、增强、提升、畅通”八字方针以及“把实施扩大内需战略同深化供给侧结构性改革有机结合起来”等重要任务，采取了一系列举措，着重解决以下几个领域的重大问题：

一是对外依赖度高，有断供断链风险的领域。党中央提出要加快补短板，发展现代产业体系，推动经济体系优化升级。在工业数字化方面，截至 2023 年 12 月，我国已建设近万家数字化车间和智能工厂，其中 421 个成为具有国际先进水平的智能制造示范工厂，示范工厂的产品研发周期平均缩短 26%，生产效率平均提升 29%。[①] 2024 年上半年，全国规模以上工业增加值同比增长 6.0%。分三大门类看，采矿业增加值增长 2.4%，制造业增长 6.5%，电力、热力、燃气及水生产和供应业增长 6.0%。装备制造业增加值增长 7.8%，高技术制造业增加值增长 8.7%，增速分别快于全部规模以上工业 1.8 个和 2.7 个百分点。[②]

二是在人民日益增长的美好生活需要领域，如优质商品和教育、养老、医疗等生活性服务业。国家发展改革委等部门印发《关于打造消费新场景培育消费新增长点的措施》，指出消费新场景是消费新业态、新模式、新产品的系统集成，对促进消费提质升级，更好满足人民高品质生活具有重要意义，要求培育餐饮、文旅体育、购物、大宗商品、健康养老托育和社区等消费新场景。2024 年上半年餐饮收入同比增长 7.9%；文旅消费更加火热，继春节长假出行消费大幅增长后，“五一”和端午假期国内旅游出游人次同比分别增长 7.6% 和 6.3%，出游总花费分别增长 12.7% 和 8.1%；数字服务消费增势

① 参见《现代化产业体系建设取得重要进展》，载《人民日报》2023 年 12 月 12 日，第 1 版。

② 参见国家统计局：《上半年国民经济运行总体平稳，稳中有进》（2024 年 7 月 15 日），载国家统计局网，https：//www. stats. gov. cn/xxgk/sjfb/zxfb2020/202407/t20240715_ 1955618. html，最后访问时间：2024 年 7 月 26 日。

稳健，通讯信息服务类零售额保持两位数增长，1—5 月份，按照上年不变价计算的电信业务总量同比增长 11.9%。[①]

三是自主创新能力不足，关键技术和基础研究领域存在“卡脖子”问题。我国积极适应新一轮科技革命和产业变革大趋势，推动新产业、新技术、新产品、新业态发展。党的十九届五中全会指出，“坚持创新在我国现代化建设全局中的核心地位，把科技自立自强作为国家发展的战略支撑”。2023 年 1—10 月，高技术服务业中，科技成果转化服务业、专业技术服务业投资分别增长 37.3%、29.1%；汽车制造业、电气机械和器材制造业工业增加值同比增长 11.3%、13.6%，工业互联网网络平台核心产业规模超过 1.2 万亿元，建成数字化车间和智能工厂近 8000 个。[②]

（二）强化激活需求潜力

中共中央、国务院于 2022 年 12 月印发的《扩大内需战略规划纲要（2022—2035 年）》中指出，“促进国内大循环更为顺畅，必须坚定实施扩大内需战略，打通经

① 参见《于建勋：消费市场规模持续扩大 新型消费不断拓展》，载国家统计局网，https://www.stats.gov.cn/sj/sjjd/202407/t20240715_1955601.html，最后访问时间：2024 年 7 月 26 日。

② 参见《这一年，这些创新成就熠熠生辉》，载《人民日报》（海外版）2023 年 12 月 26 日，第 5 版。

济循环堵点，夯实国内基本盘；实现国内国际双循环相互促进，也必须坚定实施扩大内需战略，更好依托国内大市场，有效利用全球要素和市场资源，更高效率实现内外市场联通，促进发展更高水平的国内大循环”，[①] 为增强国内大循环的内生动力和可靠性提供了战略指引。

超大规模市场给畅通国内大循环提供了坚实基础。我国正在迈向高收入国家行列，居民收入水平和消费水平不断提高，新型工业化和城镇化持续推进，是世界上最有潜力的超大规模市场。[②] 市场是全球最稀缺的资源，超大规模的国内市场给我国经济发展带来显著的规模经济优势、创新发展优势和抗冲击能力优势。党的十八大以来，我国坚持牢牢把握扩大内需这个战略基点，充分用好超大规模市场这个宝贵的战略资源，在高质量发展中推动共同富裕，以规模持续扩大、结构不断升级的内需牵引和催生优质供给。

一是提升劳动报酬在初次分配中的比重。劳动收入对于居民生活至关重要，党的十八大以来，我国致力于提高就业率、提高居民劳动收入，出台了《“十四五”就业促进规划》等一系列政策文件。根据国家统计局的

① 《中共中央国务院印发〈扩大内需战略规划纲要（2022—2035 年）〉》，载《人民日报》2022 年 12 月 15 日，第 5 版。

② 参见《统筹扩大内需和深化供给侧结构性改革》，载《人民日报》2024 年 4 月 6 日，第1 版。

数据，2023年，全国居民人均工资性收入22053元，占可支配收入的比重为56.2%，位列第一；2013—2022年，我国GDP年均增速达6.19%，居民人均可支配收入增速达6.46%，二者保持基本同步增长。[①] 广大居民正享受到越来越充分的发展红利，也不断释放出超大规模市场的内需潜力。

二是完善再分配调节机制。完善再分配调节机制不仅关系到扩大有效需求，更是维护社会公平正义、缩小收入差距，使发展成果更多更公平惠及全体人民的必要举措。国家发展改革委、财政部、人力资源和社会保障部于2013年出台的《关于深化收入分配制度改革的若干意见》提出，“坚持按劳分配为主体、多种分配方式并存，坚持初次分配和再分配调节并重，继续完善劳动、资本、技术、管理等要素按贡献参与分配的初次分配机制，加快健全以税收、社会保障、转移支付为主要手段的再分配调节机制，以增加城乡居民收入、缩小收入分配差距、规范收入分配秩序为重点”。[②] 同时扎紧制度笼子，截至2022年年底，全国税务稽查部门累计查实7813户涉嫌骗取或违规取得留抵退税企业，六部门联合打击

① 参见《共同富裕目标下我国收入分配改革的进展、困难及推进策略研究》，载《中国物价》2023年第11期。

② 《关于深化收入分配制度改革的若干意见》，载中央政府网，https：//www.gov.cn/gongbao/content/2013/content_2332770.htm，最后访问时间：2024年7月26日。

虚开骗取留抵退税团伙225个，共计挽回留抵退税及各类税款损失155亿元，累计检查涉嫌虚开发票骗取出口退税企业20余万户，认定虚开发票860余万份，挽回出口退税损失73亿元。[①]

三是推动城乡区域协调发展。推进新型城镇化发展，是加快城乡融合、畅通国内大循环的重要措施。城镇化建设的快速发展既创造巨大需求，也提升有效供给。2022年12月15日，国家发展改革委发布《"十四五"扩大内需战略实施方案》，提出"推动城乡区域协调发展，释放内需潜能。要推进以人为核心的新型城镇化，积极推动农村现代化，优化区域经济布局"。2013—2022年，农村居民人均可支配收入年均增速8.8%，较城镇居民高1.7个百分点，城乡居民人均可支配收入比由2013年的2.82下降到2022年的2.45，[②] 城乡居民收入差距逐步缩小，城乡居民收入分配结构持续得到改善。

（三）增强产业链韧性

面对美西方国家对我国的"脱钩断链"，我国努力提

---

① 参见《国家税务总局2022年度新闻发布会实录》，载国家税务总局网，https://www.chinatax.gov.cn/chinatax/n810219/n810724/c5183875/content.html，最后访问时间：2024年7月26日。

② 参见《共同富裕目标下我国收入分配改革的进展、困难及推进策略研究》，载《中国物价》2023年第11期。

升产业链供应链韧性和安全水平，抓紧补短板、锻长板，提升自主知识产权和替代接续能力，以确保产业链供应链稳定畅通。一是大力推进新型工业化，加快推动数字经济和人工智能发展。中国工业已形成全、多、大的独特优势，拥有 41 个工业大类、207 个中类、666 个小类，拥有联合国产业分类中全部工业门类；500 种主要工业产品中，中国有 220 多种产品产量位居全球第一；2023 年中国全部工业增加值达到 39.9 万亿元，占国内生产总值比重为 31.7%，制造业增加值占国内生产总值比重为 26.2%，占全球比重约 30%。[①] 中国工业不仅要培育壮大绿色产业，协同推进数字化、绿色化改造，提升能源利用效率，更要巩固工业经济回升向好态势，抓好重点行业发展，支持各地特色优势产业发展壮大，加快推进国家科技重大专项和国家重点研发计划。[②]

二是加强应用基础研究和前沿研究，强化企业科技创新主体地位。2023 年 4 月 21 日，二十届中央全面深化改革委员会第一次会议通过《关于强化企业科技创新主体地位的意见》，明确指出“强化企业科技创新主体地

① 参见《高端化智能化绿色化步伐加快，产业科技创新能力持续提升——新型工业化取得新进展新成效》，载《人民日报》（海外版）2024 年 7 月 9 日，第 3 版。

② 参见《国务院新闻办举行“推动高质量发展”系列主题发布会（工业和信息化部）》，载中央政府网，https://www.gov.cn/lianbo/fabu/202407/content_6962079.htm，最后访问时间：2024 年 7 月 26 日。

位，是深化科技体制改革、推动实现高水平科技自立自强的关键举措”。在中央政策的支持下，科创类中小企业蓬勃发展。2023 年前 11 个月，专精特新“小巨人”企业、专精特新中小企业营收利润率分别为 11.1%、8.2%，比规上中小企业分别高 6 个百分点和 3.1 个百分点。[①]

三是鼓励发展创业投资、股权投资。2024 年 6 月 15 日，国务院办公厅印发《促进创业投资高质量发展的若干政策措施》，提出围绕创业投资“募投管退”全链条，进一步完善政策环境和管理制度，积极支持创业投资做大做强，充分发挥创业投资支持科技创新的重要作用，按照市场化法治化原则引导创业投资稳定和加大对重点领域投入。作为措施中明确提到的三个国家级创投引导基金之一，国家中小基金自成立起就以引导和带动社会资金支持初创期中小企业，促进创业创新为主要目标，截至 2024 年上半年累计投资项目超过 1500 个，已支持培育专精特新企业超 780 家，“小巨人”企业超 280 家，“独角兽”企业超 40 家。[②]

（四）深化有关体制机制改革

2023 年中央经济工作会议强调，“要谋划进一步全

① 参见《专精特新企业营收保持较快增长》，载《经济日报》2024 年 1 月 15 日，第 3 版。

② 参见《培育“耐心资本”打造股权融资“聚能环”国家中小基金引领投早投小投创新》，载《中国证券报》2024 年 7 月 13 日，第 A01 版。

面深化改革重大举措，为推动高质量发展、加快中国式现代化建设持续注入强大动力”。[①] 自党的十八大以来，中央高度重视全面深化改革，积极发挥改革在畅通国内大循环中的作用。

一是不断完善落实“两个毫不动摇”的体制机制，充分激发各类经营主体的内生动力和创新活力。公有制经济发展得到有力巩固。构建亲清政商关系，强化非公有制经济人士权益保护，非公有制经济发展获得更大程度的鼓励、支持和引导。2012 年到 2023 年，民营企业占全国企业总量由 79. 4% 提高至 92. 3% 、达 5300 余万户，个体工商户由 4000 余万户增加至 1. 24 亿户；规模以上工业企业中私营企业营业收入年均增长 8. 3% 、利润总额年均增长 7. 9% ；入围世界 500 强的民营企业由 6 家增加至 36 家。[②]

二是深入实施国有企业改革深化提升行动，增强核心功能、提高核心竞争力。2018 年 7 月 14 日，国务院《关于推进国有资本投资、运营公司改革试点的实施意见》要求，实现国有资本所有权与企业经营权分离，实行国有资本市场化运作，推动国有经济布局优化和结构

① 《中央经济工作会议在北京举行》，载《人民日报》2023 年 12 月 13 日，第 4 版。

② 参见《国务院关于促进民营经济发展情况的报告》，载中国人大网，http：//www. npc. gov. cn/c2/c30834/202406/t20240627_ 437798. html，最后访问时间：2024 年 7 月 26 日。

调整，提高国有资本配置和运营效率，更好服务国家战略需要。2023 年 1 至 11 月，地方国企实现利润总额 1.6 万亿元、同比增长 6.4%，经济效益明显提升，有力促进经济回升向好。[①]

三是加快全国统一大市场建设，着力破除各种形式的地方保护和市场分割，在市场准入、要素获取、公平执法、权益保护等方面扎实推进。我国将处理好政府和市场的关系作为加快全国统一大市场建设的核心问题，不断打通制约经济循环的制度堵点，让经营主体公平竞争，让要素资源在更大范围内畅通流动。自改革以来，电力、电信、铁路、石油、天然气等重点行业和领域竞争性业务放开取得突破性进展。2023 年，全国范围共清理各类妨碍统一市场和公平竞争的政策措施 1.76 万件。[②]各地纷纷开展招标投标领域突出问题专项整治，努力营造规范高效、阳光透明的招标投标环境，护航经济社会高质量发展。

---

① 参见《2023 年前 11 个月地方国企实现利润总额 1.6 万亿元》，载新华网，http://www.xinhuanet.com/fortune/20240112/32c5e95be6a2488c852f635d469665ad/c.html，最后访问时间：2024 年 7 月 26 日。

② 参见《国务院关于促进民营经济发展情况的报告》，载中国人大网，http://www.npc.gov.cn/c2/c30834/202406/t20240627_437798.html，最后访问时间：2024 年 7 月 26 日。

（五）提升国际循环质量

2021 年 1 月 11 日，习近平总书记在省部级主要领导干部学习贯彻党的十九届五中全会精神专题研讨班开班式上发表重要讲话强调，“要塑造我国参与国际合作和竞争新优势，重视以国际循环提升国内大循环效率和水平，改善我国生产要素质量和配置水平，推动我国产业转型升级”。[①] 中央从高水平对外开放、制度型开放和优化产业链供应链布局着手部署，提升国际循环质量。

一方面，深化高水平对外开放。发挥好开放对拓展循环空间的作用，深度参与全球产业分工和合作，积极参与推动全球和区域产业链供应链优化布局，维护多元稳定的国际经济格局和经贸关系。在优化营商环境方面，国务院办公厅印发《扎实推进高水平对外开放更大力度吸引和利用外资行动方案》，商务部就《国务院关于进一步优化外商投资环境 加大吸引外商投资力度的意见》落实情况开展评估。在放宽准入方面，国家发展改革委等相关部门已启动外资准入负面清单、鼓励外商投资产业目录的修订工作。在投资促进方面，持续打造“投资中

---

① 《深入学习坚决贯彻党的十九届五中全会精神 确保全面建设社会主义现代化国家开好局》，载《人民日报》2021 年 1 月 12 日，第 1 版。

国”等品牌。2023年我国与“一带一路”共建国家进出口同比增长2.8%，占我国进出口总额的46.6%，创历史新高，对拉美、非洲进出口分别增长6.8%和7.1%；2024年1—5月，全国新设立外商投资企业21764家，同比增长17.4%，智能消费设备制造业、专业技术服务业实际使用外资分别增长332.9%、103.1%，德国、新加坡实际对华投资分别增长24.2%、16.2%。[①]

另一方面，稳步扩大规则、规制、管理、标准等制度型开放，继续扩大商品和要素流动型开放，吸引全球资金、技术、人才等优质要素和产品，打破外部对我国的围堵打压。中国积极推动加入《全面与进步跨太平洋伙伴关系协定》（CPTPP）和《数字经济伙伴关系协定》（DEPA）等高标准经贸协议，并主动对照相关规则，深化国内相关领域改革。2013年以来，我国大力建设自由贸易试验区和自由贸易港，截至2023年9月，有21个自由贸易试验区开设了自由贸易账户，进行了商事制度改革，主动实施准入前国民待遇加负面清单的外资管理制度，成为新时代改革开放新高地。除此之外，我国还设立边境（跨境）经济合作区、综合改革示范区、“丝路电商”合作先行区等特殊经济区，推进贸易和投资自由

① 参见《从外贸“成绩单”看中国经济新亮色》，载央视网，https：//news.cctv.com/2024/07/18/ARTIbX7SbrX4rDr2BFOTWHJk240718.shtml，最后访问时间：2024年7月26日。

化便利化，并落实国务院《关于在有条件的自由贸易试验区和自由贸易港试点对接国际高标准推进制度型开放的若干措施》，进行制度型开放试点。

第二章　中国城市畅通国内大循环机制评估指标体系说明

畅通国内大循环战略提出以来，涌现出刘元春[①]、黄群慧[②]、林毅夫[③]等众多经济学家的一批有代表性的研究成果。学界从打通支撑科技强国的全流程创新链条，以创新驱动、高质量供给引领和创造新需求；[④] 坚决打破区

① 刘元春：《中国经济再出发：理解双循环战略的核心命题》，载《金融市场研究》2020年第9期。

② 相关作品：黄群慧、陈创练：《新发展格局下需求侧管理与供给侧结构性改革的动态协同》，载《改革》2021年第3期；黄群慧：《新发展格局的理论逻辑、战略内涵与政策体系——基于经济现代化的视角》，载《经济研究》2021年第4期；黄群慧、倪红福：《中国经济国内国际双循环的测度分析——兼论新发展格局的本质特征》，载《管理世界》2021年第12期。

③ 相关作品：林毅夫：《中国经济转向以国内大循环为主体是发展的必然》，载《经济导刊》2020年第9期；林毅夫：《新发展格局如何看如何落实》，载《经济研究》2021年第1期；林毅夫：《百年未有之大变局下的中国新发展格局与未来经济发展的展望》，载《北京大学学报》（哲学社会科学版）2021年第5期。

④ 参见黄奇帆：《如何构建完整的内需体系，形成国内国际双循环新格局》，载《瞭望》2020年第29期。

域封锁和市场分割，促进商品和要素自由流动和高效配置；[①] 缓解企业融资约束程度和提高企业经营效率来引导企业积极参与国内大循环；[②] 压缩政府投资空间、调动企业投资积极性，将投资重心转向以新基建为代表的新兴领域，以优化投资结构，促进消费水平的提高；[③] 加快构建更加公平合理的收入分配体系，重塑新型消费体系，[④] 提高居民收入在国民收入分配中的占比、完善按要素分配的体制机制，[⑤] 尤其是着力提升中等收入群体的消费水平[⑥]等方面，提出了一系列建设性意见。学界也充分认识到畅通国内大循环取得的成就，指出我国市场供需匹配度明显增强，[⑦] 形成了城市特色产业集群，[⑧] 科技循环建设成效显著、创新能力国际排名不断提升，[⑨] 市场循环更

---

① 参见祝丹涛：《加快构建新发展格局必须增强国内大循环内生动力和可靠性》，载《人民日报》2023 年 2 月 19 日，第 2 版。

② 参见郝大鹏、刘元春、方意：《双循环背景下外部经济政策不确定性负向冲击的化解研究：基于企业投资行为视角》，载《财贸经济》2024 年第 4 期。

③ 参见刘元春、丁洋：《投资对消费影响的比较分析》，载《财贸经济》2021 年第 10 期。

④ 参见黄群慧、陈创练：《新发展格局下需求侧管理与供给侧结构性改革的动态协同》，载《改革》2021 年第 3 期。

⑤ 参见王珏：《加快疏通国内大循环的关键环节堵点》，载《经济日报》2020 年 11 月 20 日，第 11 版。

⑥ 参见陈彦斌：《构建新发展格局的三重意蕴》，载《前线》2023 年第 9 期。

⑦ 参见洪群联：《供给侧结构性改革迈出新步伐》，载《经济日报》2023 年 2 月 7 日，第 10 版。

⑧ 参见余淼杰、陈新禹：《理解新发展格局下的中国经济：成就、挑战与政策展望》，载《学术研究》2022 年第 4 期。

⑨ 参见王志刚：《加快实现高水平科技自立自强》，载《人民日报》2022 年 12 月 23 日，第 9 版。

加通畅。[①] 同时，由于畅通国内大循环是一个极富中国特色和时代特色的全新概念，是理论和实践上的巨大创新，涉及情况复杂，研究难度巨大，有许多需要深入研究的理论问题，有许多需要深化探索的实践举措。所以，有必要立足2020年至今各地探索成果，通过设计一个较为科学的指标体系，以城市为单位，评估我国地方和区域层面在畅通国内大循环上的具体实践，总结经验、提出问题，以进一步推动畅通国内大循环，并为理论研究提供数据和案例积累。

建立科学的评估指标体系是开展评估工作的基本前提。在深刻理解国际国内环境变化和经济发展基本规律的基础上，中国城市畅通国内大循环机制研究课题组（以下简称课题组）以中央有关把握新发展阶段，贯彻新发展理念，构建新发展格局的政策精神和重要部署为指导，以各城市积极参与畅通国内大循环机制的实践问题为导向，以经济学、政治学、社会学、法学等多个学科的理论研究为基础，经过多次研讨和调研，最终形成了一套较为全面系统、科学可靠、合理可行的中国城市[②]畅通国内大循环机制评估指标体系。

---

① 参见黎峰：《地方政府间关系与国内大循环：理论逻辑及中国实践》，载《财贸研究》2024年第6期。

② 当然，中国城市的情况也比较复杂。2024年的评估主要是以GDP前10名城市为范本进行分析。

一、指标体系的基本框架

国内大循环是一个有机衔接、动态循环的过程。从马克思主义政治经济学来看，国内大循环涵盖生产、交换、分配、消费各个经济环节。从西方经济学分析框架来看，国内大循环聚焦要素及产品市场的供给端和需求端。从中国经济转向高质量发展阶段出现的矛盾和问题来看，畅通国内大循环是需求牵引供给、供给创造需求的更高水平动态平衡，是面向未来、立足国内、依托国内大市场优势的经济良性循环，是国内国际双循环的坚实基础。

需要注意的是，畅通国内大循环有双重内涵。一是畅通整个国家范围内的国民经济大循环，另一个是地方层面如何融入、支撑和促进国内大循环。所以，评估一个城市如何畅通国内大循环，不是评估其产业体系是否大而全，而是按照畅通国内大循环的要求，评估其经济体系的创新性、稳健性、流畅性和高效性。课题组认真学习习近平总书记关于畅通国内大循环的一系列重要论述，《中共中央关于进一步全面深化改革、推进中国式现代化的决定》以及《“十四五”规划和2035年远景目标纲要》《中共中央 国务院关于加快建设全国统一大市场的意见》《中共中央 国务院关于构建更加完善的要素市场化配置体制机制的意见》《扩大内需战略规划纲要(2022—2035年)》等重要文件，提高对畅通国内大循环机制科学内涵和实践基础的理解，从中转化出“中国城市畅通国内大循环机制评估指标体系”。整个指标体系包括供给体系、需求体系、要素资源、流通体系和治理体系5个一级指标，以及进一步细化、分解后的19个二级指标和58个三级指标。

在指标设计中，课题组严格把握畅通国内大循环的核心要义。畅通国内大循环不是走封闭僵化的老路，不是闭关自守，而是在不稳定不确定因素增多的国际环境下，使中国经济发展能够实现技术先进、产业完善、结构优化、流通便捷、市场活跃、稳健高效，确保即便在极端情况下也不被“卡脖子”，国民经济仍然能够循环畅通，构建对全球资源要素更强劲的引力场。畅通国内大循环评估既涉及规模和体量方面的内容，也注重人均或单位产值平均指标，以消除评估中的大城市效应，提高评估结果科学性和公正性。通过层层递进的结构，课题组力求全面反映畅通国内大循环机制的关键环节和影响因素，不仅考察经济、社会、资源和环境各个方面，还特别关注政策支持和制度保障，旨在为优化城市间的产业延伸、市场互补和资源互换提供科学参考。

生产是国民经济循环的起点。提升供给体系的质量与效率，是解决供需不平衡不匹配问题的治本良方，也是疏通国内大循环堵点、衔接国内大循环断点的关键所在。衡量“供给体系”一级指标的二级指标主要包括供给主体、供给结构、供给水平三个方面。《“十四五”规划和2035年远景目标纲要》提出，必须坚持深化供给侧结构性改革，以创新驱动、高质量供给引领和创造新需求，提升供给体系的韧性和对国内需求的适配性。[①] 高质量供给体系建设既要推动产业结构优化升级，又要提供高质量产品服务，回应好经济社会发展对供给体系活力增强、结构升级和质量提升提出的更高要求，满足人民日益增长的美好生活需要。

进一步扩大内需，巩固和增强超大规模市场优势，是为国内大循环提供内生动力的必由之路。“需求体系”一级指标包括消费水平、投资水平、收入水平、社会保障四个二级指标。在经济学上，消费、投资和出口三大需求是拉动国民经济增长的“三驾马车”，而外部需求因受到国际经济、外贸环境变动等多种因素影响，容易出现波动。坚定实施扩大内需战略、培育完整内需体系，成为畅通国内大循环的必然选择。该指标既通过衡量消

① 参见《中华人民共和国国民经济和社会发展第十四个五年规划和2035年远景目标纲要》，载《人民日报》2021年3月13日，第5版。

费和投资水平来评估消费升级和条件改善的进展，也关注收入水平和社会保障水平，评估分配机制完善和消费潜力释放的情况。

要素市场化配置能力和资源配置效率的高低，关乎城市服务国内大循环的基础和能力，并直接反映国内大循环各个环节的畅通与否。“要素资源”一级指标涵盖了土地要素、劳动力要素、资本要素、技术要素、数字经济和能源资源六个二级指标。从人类文明史看，在渔猎采集时代、农业时代、工业时代等不同时期的社会生产中，生产要素包含的内容也是不同的。随着新一轮科技革命和产业变革蓬勃兴起，人类已进入数字时代，数据成为新型生产要素。要素资源下的二级指标注重对土地、劳动力、资本和技术这些传统生产要素以及数据这一新型生产要素禀赋的考察，同时也展现了对能源资源节约集约高效利用的关切。

高效顺畅的现代流通体系是国民经济的“筋络”，连接生产和消费、内贸和外贸，在畅通国内大循环机制中发挥着基础性作用。“流通体系”一级指标由流通网络、流通市场、流通企业三个二级指标构成。对流通体系的评估统筹了流通硬件和软件建设，既紧扣高效性和顺畅性的要求，聚焦流通服务效率和社会流通成本，又从现代流通体系建设的布局和规划出发，关注流通新技术新业态新模式发展。

坚持有效市场、有为政府的工作原则，把“看不见的手”和“看得见的手”都用好，是畅通国内大循环机制的制度保障。治理体系指标从法规政策、法治保障、营商环境三个方面进行考察，主要从制度建设、治理能力和营商环境优化角度刻画一个城市畅通国内大循环机制的综合状况，了解地方增强国内大循环内生动力和可靠性的具体措施。

中国城市畅通国内大循环机制评估指标体系框架见下表2。

表2　中国城市畅通国内大循环机制评估指标体系

一级指标	二级指标	三级指标
供给体系	供给主体	市场主体发展情况
		优质中小企业发展情况
		规模以上企业发展情况
		“独角兽”企业发展情况
	供给结构	传统产业升级情况
		新兴产业发展情况
		产业结构健康状况
	供给水平	标准建设水平
		绿色发展水平
		品牌建设水平

续表

一级指标	二级指标	三级指标
需求体系	消费水平	市场消费水平
		居民消费水平
		消费需求本地满足率
		对外贸易依存度
	投资水平	公共预算支出情况
		私营企业固投情况
	收入水平	地方公共收入情况
		居民收入情况
		城乡收入均衡度
	社会保障	社保支出比例
		医疗费用可负担度
要素资源	土地要素	生产用地情况
		生活用地情况
	劳动力要素	劳动力总量
		劳动力素质
		劳动力价格
	资本要素	金融机构存贷比
		普惠贷款情况
		资本市场活力
		外商投资情况
	技术要素	研发经费投入
		技术吸纳能力
		技术专利情况
		专业技术人员
	数字经济	数字用户规模
		数字基础设施
		数字产业发展

续表

一级指标	二级指标	三级指标
要素资源	能源资源	能源消费情况
		节能降耗情况
流通体系	流通网络	基础设施情况
		枢纽建设情况
	流通市场	流通业发展水平
		客货运输情况
		快递行业情况
		会展经济情况
		城乡流通情况
	流通企业	物流企业情况
		连锁经营企业情况
治理体系	法规政策	优化供给
		扩大内需
		要素配置
		促进流通
	法治保障	公正司法
		法治政府
		产权保护
	营商环境	公共服务
		公平竞争
		创新生态

二、供给体系

当前，我国已转向高质量发展阶段，大部分领域

"有没有"的问题基本解决，"好不好"的问题更加突出。党的二十届三中全会提出："必须以新发展理念引领改革，立足新发展阶段，深化供给侧结构性改革，完善推动高质量发展激励约束机制，塑造发展新动能新优势。"[①] 供给体系主要包括市场主体生产能力和活力、产业结构的优化程度以及产品服务的质量提升情况，聚焦量的合理增长和质的有效提升，这对于增强经济韧性和竞争力至关重要。对供给体系的评估，我们主要从以下方面考虑。

（一）供给主体

供给主体是经济循环的基本载体，激发供给主体的发展活力、竞争活力和创新活力是发挥国内超大规模市场优势的重要前提。供给主体这一项二级指标主要关注市场主体的数量和质量，反映市场上实际参与生产与供应的企业的规模、多样性和韧性。

1. 市场主体发展情况

2020 年 7 月 1 日，习近平总书记在企业家座谈会上指出，"市场主体是我国经济活动的主要参与者、就业机会的主要提供者、技术进步的主要推动者，在国家发展

① 《中共中央关于进一步全面深化改革 推进中国式现代化的决定》，载《人民日报》2024 年 7 月 22 日，第 2 版。

中发挥着十分重要的作用”，“市场主体是经济的力量载体，保市场主体就是保社会生产力”。[①] 从一定意义上讲，我国社会主义市场经济的发展历程，就是市场主体不断发展壮大的过程，市场主体的活力也是国民经济循环畅通情况的综合反映。对市场主体存量和增量的考察，可以在一定程度上反映市场主体的生命力和活跃度。

2. 优质中小企业发展情况

优质中小企业在产品、技术、管理、模式等方面具有较高的专业化水平、较好的质量效益和较强的创新能力。其中，专精特新中小企业具有专业化、精细化、特色化发展的特点，专精特新“小巨人”企业则位于产业基础核心领域与产业链关键环节，对这两者数量的评估有助于了解市场的健康程度和发展潜力。

3. 规模以上企业发展情况

规模以上工业企业是工业经济中的“领头羊”，在生产规模、技术研发和市场影响力方面具有显著优势，在地方经济发展中的作用举足轻重。通过评估规模以上工业企业的数量和其中私营企业的占比，可以了解一个城市的工业总体实力，反映大型私营企业在推动工业经济发展中的重要作用。

---

① 《激发市场主体活力弘扬企业家精神 推动企业发挥更大作用实现更大发展》，载《光明日报》2020 年 7 月 22 日，第 1 版。

4. “独角兽”企业发展情况

“独角兽”企业一般指成立不超过10年、估值超过10亿美元或少部分估值超过100亿美元的未上市企业。“独角兽”企业是社会创新、科技进步与产业升级的引领力量。通过分析一个城市拥有“独角兽”企业的数量，可以判断其经济发展的技术驱动能力，窥视该城市新经济业态的发展现状与前景。

（二）供给结构

供给结构反映了产业的多样性、协调性和合理性，是评估供给体系健康发展的重要指标。面对经济发展进入新常态和“三期叠加”复杂局面，我国自2015年起实施供给侧结构性改革，使供需失衡得到矫正。但是，从供给端来看，传统行业产能过剩等问题依然存在，供给结构对需求结构的适应性仍有待提升。本指标一方面兼顾“固底板”和“补短板”，注重一个城市的传统产业升级情况和新兴产业发展情况；另一方面，也综合测算城市产业结构的总体健康情况。

1. 传统产业升级情况

传统产业升级是供给结构优化的关键。通过考察传统产业的“固底板”情况和转型情况，可以了解传统产业在新经济形势下的适应能力和竞争能力。结合国家规划部署和数据可获得性，这一项三级指标首先关注农业生产和工业企业经营等方面。文旅产品承载着独特的文化内涵和历史价值，具有跨越时空传播的特点，在国内大循环中也占有重要地位，因此也是评估的重要内容。其中，是否有现象级文旅 IP 作为加分项纳入评估之中。

2. 新兴产业发展情况

新兴产业代表了未来的发展方向和增长潜力，其发展速度也是供给结构评估的重要组成部分。特别是在我国对外依赖度较高和面临“卡脖子”问题的领域，加快实现技术突破、补齐技术短板，不仅是推动经济高质量发展的必然要求，也是保障产业链供应链安全的迫切需要。通过评估战略性新兴产业的成长情况，可以在一定程度上预测城市经济的前景。

3. 产业结构健康状况

产业健康是供给结构协调发展、可持续发展和高质量发展的综合反映。本指标借鉴学界已有研究，用产业结构合理化指数和产业结构高级化指数综合衡量产业结构健康状况。[①]

① 参见干春晖、郑若谷、余典范：《中国产业结构变迁对经济增长和波动的影响》，载《经济研究》2011 年第 5 期。

（三）供给水平

2022 年 12 月，中共中央、国务院印发《扩大内需战略规划纲要（2022—2035 年)》，明确提出了“提高供给质量，带动需求更好实现”的要求。[①] 供给水平这一指标聚焦高质量产品和服务供给不足的突出问题，设置了标准建设、绿色发展和品牌建设三个方面的二级指标。

1. 标准建设水平

标准是经济高质量发展的技术支撑，也是国家基础性制度的重要方面。2023 年 3 月，国家标准化管理委员会等十部委印发《“十四五”推动高质量发展的国家标准体系建设规划》[②]，提出以标准促进科技创新成果转化，助推产业升级、绿色发展、城乡建设和社会建设，支撑国内大循环、国内国际双循环建设。通过评估一个地方的标准化建设情况，可以了解其行业发展程度、规范和质量控制水平。

2. 绿色发展水平

2024 年 2 月 19 日，习近平总书记在中央全面深化改

---

① 《中共中央国务院印发〈扩大内需战略规划纲要（2022—2035 年)〉》，载《人民日报》2022 年 12 月 15 日，第 6 版。

② 《关于印发〈“十四五”推动高质量发展的国家标准体系建设规划〉的通知》，载国家标准化管理委员会网，https：//www. sac. gov. cn/xxgk/zcwj/art/2021/art_ 51ab9411394a44d78985f6f5efdc80a7. html，最后访问时间：2024 年 7 月 26 日。

革委员会第四次会议上强调，“把绿色发展理念贯穿于经济社会发展全过程各方面”。绿色是高质量发展的底色，新质生产力本身就是绿色生产力。考察一个城市在绿色生产和发展方面的措施和成效，可以了解经济发展的绿色化程度。

3. 品牌建设水平

品牌建设是高质量发展的重要牵引力量。品牌不仅是企业的重要资产，更体现着经济发展的可持续性和竞争力。《“十四五”扩大内需战略实施方案》[①] 作出了深入实施品牌发展战略的工作部署，要求加快建设品牌强国，培育和发展中华老字号和特色传统文化品牌，打造一批特色鲜明、竞争力强、市场信誉好的区域品牌。本指标综合评估城市拥有企业的品牌建设成效和市场影响力，力求反映企业的市场竞争力和形象塑造情况。

三、需求体系

国内大循环要求实现生产、分配、交换、消费等环节在国内完成，把经济发展的重点由生产环节转向消费环节，释放国内统一大市场的潜在需求。当前，畅通国

① 《“十四五”扩大内需战略实施方案》，载中国政府网，https：//www. gov. cn/xinwen/2022-12/15/content_ 5732127. htm，最后访问时间：2024 年 7 月 26 日。

内大循环体系的关键是要进一步扩大内需，巩固和增强超大规模市场优势，从而形成消费和投资相互促进的良性循环。对需求体系的评估，我们主要从以下方面考虑。

（一）消费水平

消费水平是需求体系的重要组成部分，直接反映了居民购买力、消费意愿及市场活跃程度，是拉动经济增长的第一动力。2023 年，我国最终消费支出对经济增长的贡献率达到 82.5%。从国际经验看，当人均 GDP 迈过 1 万美元大关时，消费升级的进程会显著加快。[①] 目前，我国人均 GDP 已超过 1.2 万美元，人民对美好生活的向往不断增加，消费新需求不断释放，也给畅通国内大循环带来了新的机遇。这一指标除了对市场消费水平和居民消费水平整体情况的考察外，还包括对本地供需匹配和外贸依赖情况的评估。

1. 市场消费水平

市场消费水平是对市场整体消费能力的衡量。通过统计社会消费品零售总额，可以了解社会消费品市场的总体规模和市场的活跃程度。

① 《发改委：2023 年最终消费支出对经济增长贡献率 82.5%》，载人民网，http://finance.people.com.cn/n1/2024/0625/c1004-40264024.html，最后访问时间：2024 年 7 月 15 日。

2. 居民消费水平

居民是市场经济的基本消费主体。这一指标通过对居民消费支出、居民消费价格指数、恩格尔系数和耐用消费品升级换代的评估，分析居民的消费能力、消费结构、生活水平和消费升级的情况。

3. 消费需求本地满足率

消费需求本地满足率是社会消费品零售总额与地区常住人口总数和人均消费支出乘积的比值。这一指标对地区的消费总支出和地区的消费总额的分析，能够测算需要从区域以外补充的资源或者溢出的资源，体现不同地区之间的需求互补或者吸引情况。

4. 对外贸易依存度

对外贸易依存度是指一个城市的对外贸易总额占地区生产总值（GDP）的比重，不仅反映该城市的开放型经济发展规模，也表明该城市经济增长依赖国际市场的程度。鉴于全球经济格局的高度不确定性和外部风险的急剧上升，我们设置对外贸易依存度这一指标，评估城市经济发展对外贸的依赖程度。

（二）投资水平

2023 年 12 月召开的中央经济工作会议提出，“要激发有潜能的消费，扩大有效益的投资，形成消费和投资相互促进的良性循环”。[1] 投资是将资本投入生产过程进行生产，因而属于生产范畴，与消费形成作用和反作用的互动关系；投资也可以创造新的需求，从而推动消费规模的扩大和消费结构的提升。[2] 但是，高投资率并不一定带来生产的高效率，投资率过高将挤压消费，影响消费需求，进而导致经济增长失衡。

1. 公共预算支出情况

一般公共预算支出是政府经费的主要支出来源，反映了政府财政收支的基本状况，包括日常行政支出、经常性投资和专项投资三大部分。通过对公共预算支出情况的分析，可以窥见政府在促进经济发展、改善民生和推动科技创新等方面的投资力度。

2. 私营企业固投情况

新的固定资产投资通常融入了新的科技创新成果，把新的科学技术应用于生产，会催生出新产品、新产业、新模式、新业态，从而创造出新的消费需求。民间投资则是创造就业岗位、扩大消费需求的突出力量和社会融资的重要渠道。考虑到数据可获得性，我们将私营企业固定资产投资作为评估的切入点，测算一个城市的民间

① 《中央经济工作会议在北京举行》，载《人民日报》2023 年 12 月 13 日，第 1 版。

② 参见黄泰岩：《形成消费和投资相互促进的良性循环》，载《光明日报》2024 年 1 月 2 日，第 11 版。

固定资产投资水平。

(三) 收入水平

2023 年 1 月 31 日，习近平总书记在中共中央政治局第二次集体学习上强调，要建立和完善扩大居民消费的长效机制，“使居民有稳定收入能消费、没有后顾之忧敢消费、消费环境优获得感强愿消费”。[①]《“十四五”扩大内需战略实施方案》将扎实推动共同富裕，厚植内需发展潜力作为重要工作内容。[②] 其中，提高劳动者收入水平是优化初次分配格局的具体要求。本指标在聚焦居民收入水平的基础上，同时纳入对地方公共收入情况的分析。

1. 地方公共收入情况

地方公共收入反映了地方政府的财政能力。通过测算全市一般公共预算收入占 GDP 比重，可以分析政府以社会管理者身份筹集以税收为主体的财政收入情况，了解地方政府的经济实力和公共服务能力。

2. 居民收入情况

居民收入是影响居民消费的核心因素，不仅直接影

① 《习近平在中共中央政治局第二次集体学习时强调 加快构建新发展格局 增强发展的安全性主动权》，载《人民日报》2023 年 2 月 2 日，第 1 版。

② 参见《中共中央国务院印发〈扩大内需战略规划纲要（2022—2035 年）〉》，载《人民日报》2022 年 12 月 15 日，第 6 版。

响消费支出，还通过支配居民的消费信心和消费行为间接作用于消费市场。《扩大内需战略规划纲要（2022—2035年）》将提高劳动报酬在初次分配中的比重作为重要的战略举措，要求坚持居民收入增长和经济增长基本同步、劳动报酬提高和劳动生产率提高基本同步，增加劳动者特别是一线劳动者劳动报酬。[①] 因此本指标专门设置了对城镇居民人均可支配收入增长率和GDP增长率的比较。

3. 城乡收入均衡度

城乡收入均衡度这一指标旨在评估各地城乡之间的收入差距。通过计算农村居民人均可支配收入和城镇居民人均可支配收入的比值，可以衡量城乡收入分配的公平性和均衡性。

（四）社会保障

社会保障体系作为收入分配调节器，通过发挥再分配功能和为人民生活托底的作用，推动全体人民共同富裕取得更为明显的实质性进展，维护社会公平和稳定。社会保障也直接关乎内需的增长潜力和稳定性。健全的社会保障体系能够使居民对未来养老、医疗等预期有足

① 参见《中共中央国务院印发〈扩大内需战略规划纲要（2022—2035年）〉》，载《人民日报》2022年12月15日，第6版。

够信心，使其降低因未来不确定性而产生的预防性储蓄需求，从而提升当期消费意愿。在测算社保支出比例以外，我们还引入医疗费用可负担度这一指标，评估各地的社会保障水平。

1. 社保支出比例

社保支出比例即政府的社会保障和就业支出占一般公共预算支出的比例，旨在衡量政府在养老金、医疗保险、失业保险等社会保障方面的投入，可以了解一个地方社会保障体系的健全程度。

2. 医疗费用可负担度

医疗保障是全民关心的民生问题，也是不可忽视的政治议题。党的十八大以来，在以习近平同志为核心的党中央坚强领导下，我国建起了世界上最大的基本医疗保障体系。但由于医疗资源分配不均、医疗技术和设备成本上涨以及医药领域贪腐行为等多重复杂因素，群众对“看病贵”的问题反映依然强烈。我们据此设计了医疗费用可负担指数：医疗费用可负担指数 = 人均可支配收入/（门诊病人次均医药费 + 住院病人次均医药费）。通过分析医疗支出占居民收入的比例，可以在一定程度上了解居民获得医疗服务的可负担性和保障水平。

四、要素资源

要素资源的畅通流动和优化配置在国内大循环机制中扮演着至关重要的角色。一方面，通过供给侧结构性改革，着力打通生产、分配、流通、消费各环节的堵点，才能促进国内各要素与资源的有效流通，提高要素市场化配置能力和资源配置效率，推动经济发展的质量变革、效率变革、动力变革。另一方面，国内大循环中要素资源配置的优化，不仅能够增强国民经济内生动力，也将为国际经济循环提供强大支撑，形成对全球资源要素的引力场，带来国际竞争和合作新优势。对要素资源的评估，我们主要从以下方面展开。

（一）土地要素

土地作为重要的生产要素和自然资源，是人类生产、生活和赖以生存的物质基础和来源。本指标通过评估生产用地和生活用地的供应、使用和管理情况，可以了解土地资源的利用效率和合理性。

1. 生产用地情况

生产用地在一个城市用地中的占比较高，这是我国处于社会主义初级阶段的现实国情所决定的。控制生产用地比例，提高用地强度和标准，促进土地集约利用，引导产业结构转型应是生产用地管理的发展方向。我们在此选取工业用地的高效利用情况来衡量一个城市的生产用地健康情况，测算城市的人均工业用地面积和亩均工业产值两项数据。

2. 生活用地情况

住房是民生之要、民生之依，人民先有安居方能乐业，国家才能兴旺发达。在明确“房住不炒”的住房属性与科学定位的基础上，我国近年来加快建立多主体供给、多渠道保障、租购并举的住房制度。党的二十大报告从“增进民生福祉，提高人民生活品质”的角度，[①] 进一步明确房地产发展的前进方向。为描绘居民对于住房费用的负担情况，我们引入住房可支付指数：住房可支付指数 = 居民人均可支配收入/（市平均租金 + 市平均房价）。

（二）劳动者要素

任何产业经济发展，都离不开人的劳动，劳动是经济发展的基础推动力。在过去几十年的发展模式中，我

---

① 习近平：《高举中国特色社会主义伟大旗帜 为全面建设社会主义现代化国家而团结奋斗——在中国共产党第二十次全国代表大会上的报告》（2022 年 10 月 16 日），载《人民日报》2022 年10 月 26 日，第 4 版。

国依靠大量低成本的劳动力投入促进经济增长。进入新发展阶段，新质生产力的发展不只关注就业市场的劳动力供给总量，还要求将劳动力要素配置提升到更高水平，提高劳动力的素质、效率、技能。我们从以下三方面，来评估一个城市的劳动力要素为高质量发展提供持续动力的能力。

1. 劳动力总量

劳动力总量的评估既需要考量该城市目前的劳动力就业程度，也需要从长远角度了解劳动力人口的构成和增长速度，分析就业市场潜在的供需平衡状况。因此，本指标涉及就业率、每万人在校学生和人口自然增长率三个数据，分别从当前、短期和中长期三方面评估一个城市的劳动力供给总量，了解一个城市劳动力资源的充裕度。

2. 劳动力素质

劳动力素质不仅决定着劳动者个体的工作质量、竞争力和对工作环境的适应性，也影响着整个社会经济的发展速度和走向。更高素质的新型劳动力是新质生产力的内在要求。这一指标主要考察劳动力的受教育程度和技能水平，从存量和增量两方面测算高素质劳动力的供给情况。

3. 劳动力价格

劳动力价格是劳动力价值的货币表现，工资就是劳动力价格的转化形式。通过对平均工资的分析，可以了解劳动力市场的价格水平和供求状况，以及城市的消费潜力。

（三）资本要素

资本是社会主义市场经济的重要生产要素，也是促进社会生产力发展的重要力量。在社会主义市场经济体制下，与其他生产要素相比，资本是带动各类生产要素集聚配置的重要纽带，市场经济就是通过资本用货币购买生产资料、劳动力和技术等建立企业从事生产经营活动的。[①] 2022 年 4 月 29 日，习近平总书记在中共中央政治局第三十八次集体学习时深刻指出，在社会主义制度下如何规范和引导资本健康发展，这是新时代马克思主义政治经济学必须研究解决的重大理论和实践问题。[②] 我们主要从以下四方面评估资本作为重要生产要素的作用发挥情况。

1. 金融机构存贷比

金融机构存贷比即金融机构贷款总额与存款总额的比值，其直观体现银行信贷投放能力和盈利能力，间接

① 参见简新华：《正确认识“资本是社会主义市场经济的重要生产要素”》，载《光明日报》2022 年 9 月 27 日，第 11 版。

② 参见《习近平在中共中央政治局第三十八次集体学习时强调 依法规范和引导我国资本健康发展 发挥资本作为重要生产要素的积极作用》，载《人民日报》2022 年 5 月 1 日，第 1 版。

反映出资本要素的配置和利用效率。

2. 普惠贷款情况

普惠金融的核心是让经济社会发展的薄弱环节和弱势群体享受平等的金融服务。[①] 2024年3月，国家金融监督管理总局发布《关于做好2024年普惠信贷工作的通知》，将小微企业、涉农经营主体、个体工商户以及重点帮扶群体等均纳入其中，明确了普惠信贷的监管目标。[②]我们在此选取普惠型小微贷款余额这项数据，评估普惠贷款的覆盖面和效果。

3. 资本市场活力

资本市场活力指的是资本市场的活跃程度和融资能力。上市公司是经济高质量发展重要的微观基础，[③] 是资本市场平稳健康发展的"晴雨表"。本指标包括对上市企业总量及科创板上市企业数量的评估。

4. 外商投资情况

外资在协调国内外市场，促进国内消费升级和产业升级方面起着重要作用。为反映外资对繁荣国内经济的贡献，这一指标主要考察外商在国内直接投资的

① 参见《让更多金融活水润泽"小生意""小日子"》，载《光明日报》2024年4月8日，第1版。

② 参见《国家金融监督管理总局办公厅关于做好2024年普惠信贷工作的通知》，载中国政府网，https://www.gov.cn/zhengce/zhengceku/202403/content_6942238.htm，最后访问时间：2024年7月27日。

③ 参见易会满：《努力建设中国特色现代资本市场》，载《求是》2022年第15期。

规模。

（四）技术要素

技术不仅是推动经济增长的关键动力，也是塑造新型生产关系和产业变革的核心要素。当今世界，科学技术是第一生产力、第一竞争力。习近平总书记深刻指出，以科技创新开辟发展新领域新赛道、塑造发展新动能新优势，是大势所趋，也是高质量发展的迫切要求，必须依靠创新特别是科技创新实现动力变革和动能转换。[①] 对技术要素的评估包含以下四个方面。

1. 研发经费投入

2023 年，我国全国研发经费投入超过 3. 3 万亿元，科技事业呈现出创新发展的新气象。[②] 通过对研发经费投入的评估，能够了解社会对创新发展的投入力度和努力程度。研发之根扎得越深，应用场景的土壤越肥沃，创新的大树越能枝繁叶茂。

2. 技术吸纳能力

技术吸纳能力考察一个地区的企业和行业对新技术的引进和转化能力。由于我国地区发展差距较大，技术

---

① 参见《推动新时代治蜀兴川再上新台阶 奋力谱写中国式现代化四川新篇章》，载《人民日报》2023 年 07 月 30 日，第 1 版。

② 参见《去年我国研发经费投入超 3. 3 万亿元》，载《新京报》2024 年 3 月 6 日，第 A13 版。

要素的空间布局存在不平衡，欠发达和转型困难地区存在严重的优质要素溢出问题。[①] 通过测算技术逆差（技术输出与流入金额之差）的规模，可以了解地区的技术要素溢出情况，反映研发投入的实际应用效果。

3. 技术专利情况

技术专利是激励创新的催化剂，也是创新成果的重要体现。这一指标考察专利授权量、PCT 专利申请量和技术合同成交额三项内容。通过评估技术专利的申请和授权情况，分析专利数量和质量，可以了解技术创新的成果、社会效果和保护情况。

4. 专业技术人员

技术人才是技术创新的最重要推动力之一。本指标衡量一个城市中从事 R&D 活动的人员的比重，了解技术人才的供给和利用情况。

（五）数字经济

2020 年 3 月，中共中央、国务院出台《关于构建更加完善的要素市场化配置体制机制的意见》，将数据定义为继土地、劳动力、资本、技术之后的第五大生产要素，

① 参见孙志燕：《“技术”大循环是新时代推动形成高质量区域经济布局的关键路径》，载《重庆理工大学学报》（社会科学），2022 年第 4 期。

提出加快培育数据要素市场的一系列要求。[①] 2021 年 12 月，国务院发布的《要素市场化配置综合改革试点总体方案》，进一步明确推进数据流通交易和开发利用的工作部署。[②] 在经济学的视角，数据的本质是一种具有非竞争性和部分可排他性的、需要与其他资源协同发挥生产力促进作用、规模收益不确定的生产要素。[③] 但作为全新的生产要素，数据的应用场景尚未清晰，数据交易新业态缺乏足够的实践，学界对数据释放价值的机制和数据之上的权益分配方案的研究也存在较多争议。因此，我们将评估对象替换为数字经济，即承载数据要素的经济形态，以确保评估的科学性与可行性。

1. 数字用户规模

数字用户规模是数字经济用户的数量和增长情况。考虑数据可获得性，我们选取互联网宽带接入用户和移动互联网用户两项数据，来了解数字经济的普及程度。

2. 数字基础设施

数字基础设施是加快新质生产力发展的重要基础，

---

① 参见《（受权发布）中共中央 国务院关于构建更加完善的要素市场化配置体制机制的意见》，载新华网，http：//www. xinhuanet. com/politics/zywj/2020 －04/09/c_ 1125834458. htm，最后访问时间：2024 年 7 月 27 日。

② 参见《国务院办公厅关于印发要素市场化配置综合改革试点总体方案的通知》，载中国政府网，https：//www. gov. cn/zhengce/content/2022 －01/06/content_ 5666681. htm，最后访问时间：2024 年 7 月 27 日。

③ 参见李勇坚：《数据要素的经济学含义及相关政策建议》，载《江西社会科学》2022 年第 3 期。

既包括新型信息基础设施，也包括经数字化改造的部分传统物理基础设施。根据国家数据局于2024年6月发布的《数字中国发展报告（2023年）》，我国数字基础设施不断扩容提速，5G网络、光纤宽带网络和移动物联网络覆盖面更广、应用场景更丰富，算力总规模达到230EFLOPS，居全球第二位。[①] 我们选取5G基站、移动互联网、千兆光网及国家级算力中心的建设情况，可以了解数字经济的基础设施保障水平。

3. 数字产业发展

数字产业发展这一指标是对数字产业总体发展水平的评估。通过分析数字经济相关产业的产值和占GDP的比重，可以了解数字经济的发展潜力及贡献能力。

（六）能源资源

能源是经济发展的战略资源。从历史和现实来看，能源的开发和利用直接影响经济活动的规模、速度和质量。当前，能源资源利用方式正在经历深刻的转变，全球已有150多个国家和地区提出了碳中和目标，[②] 绿色

① 参见《〈数字中国发展报告（2023年）〉正式发布》，载数字中国建设峰会官方网站，https://www.digitalchina.gov.cn/2024/xwzx/szkx/202406/t20240630_4851743.htm，最后访问时间：2024年7月16日。

② 参见清华大学碳中和研究院：《2023全球碳中和年度进展报告》，载全球碳中和进程追踪网站，https://www.cntracker.tsinghua.edu.cn/report，最后访问时间：2024年7月16日。

低碳成为能源发展的主旋律。2022 年 9 月，中央全面深化改革委员会第二十七次会议审议通过《关于全面加强资源节约工作的意见》，强调要推进资源总量管理、科学配置、全面节约、循环利用，提高能源等资源利用效率。[①] 我们由此选取能源消费和节能降耗两个方面，评估一个城市经济发展中能源资源高效开发利用的情况。

1. 能源消费情况

能源消费情况选取能源消费弹性系数以及电力消费弹性系数两项数据，即能源、电力消费增长速度与国民经济增长速度的比值。该数据能反映一个城市能源利用的效率和经济结构的优化程度。

2. 节能降耗情况

节能降耗情况这一指标考察城市在节能降耗方面的效果。通过评估万元地区生产总值能耗和电耗下降率，可以了解一个城市经济绿色发展的改善程度。

五、流通体系

流通体系在国民经济中发挥着基础性作用，是国内

① 参见《习近平主持召开中央全面深化改革委员会第二十七次会议强调 健全关键核心技术攻关新型举国体制 全面加强资源节约工作》，载《人民日报》2022 年 9 月 7 日，第 1 版。

大循环的联结纽带。高效的流通体系能够在更大范围把生产和消费联系起来，扩大交易范围，推动分工深化，提高生产效率，促进财富创造。《“十四五”现代流通体系建设规划》明确指出，建设现代流通体系是构建以国内大循环为主体、国内国际双循环相互促进的新发展格局的一项重要战略任务，并将构建内畅外联现代流通网络、发展有序高效现代流通市场和培育优质创新现代流通企业作为现代流通体系的发展方向。[①] 从中央对相关工作的部署出发，我们对流通体系的评估设置了流通网络、流通市场和流通企业三个二级指标。

（一）流通网络

现代物流体系建设对流通网络提出了设施高效联通、产销深度衔接、分工密切协作的目标。流通网络是发挥现代流通体系的市场链接和产业组织作用的基础，这一指标主要涉及国内大循环中支持各类要素畅通的基础设施建设情况和空间布局优化情况。

1. 基础设施情况

基础设施情况这一指标评估流通基础设施的整体概

① 参见《国家发展改革委关于印发〈“十四五”现代流通体系建设规划〉的通知》，载中国政府网，https：//www. gov. cn/zhengce/zhengceku/2022－01/24/content_5670259. htm，最后访问时间：2024 年 7 月 27 日。

况，通过分析铁路、公路、航空基础设施的建设情况，了解流通网络的通达性和便利性。

2. 枢纽建设情况

枢纽建设情况主要考察一个城市在国家现代流通体系建设相关顶层设计中的定位和承担的任务，反映了一个城市在国内大循环中的辐射区域、集聚效应和服务功能。该指标考察城市是否为国家物流枢纽或节点城市、现代商贸流通体系试点城市，以及是否位于国家综合立体交通网主骨架布局当中。

（二）流通市场

流通市场的构建和发展情况决定了流通的效率和质量。《“十四五”现代流通体系建设规划》提出，构建类型丰富、统一开放、公平有序、配套完善的高水平现代流通市场。① 这一指标主要关注以下方面。

1. 流通业发展水平

流通业发展水平这一指标是对流通行业发展规模和效益的宏观性评估。通过对城市的交通运输、仓储和邮政业增长率的测算，可以了解流通业的活力。

---

① 参见《国家发展改革委关于印发〈“十四五”现代流通体系建设规划〉的通知》，载中国政府网，https：//www. gov. cn/zhengce/zhengceku/2022 – 01/24/content_ 5670259. htm，最后访问时间：2024 年 7 月 27 日。

2. 客货运输情况

经济发展，交通先行。客货运输情况包括旅客运输和货物运输的运输量和周转效率，涵盖公路、铁路、航空和水运，能够反映要素资源自由流动的水平。

3. 快递行业情况

快递业务量的增长，是商贸流通的直接反映，能够折射出新发展格局构建过程中旺盛的消费需求。[①] 因此，我们选取快递业务量这一数据，代表一个地方的快递行业发展情况。

4. 会展经济情况

会展是一个城市的开放和交流的窗口，也是上下游、产供销有效衔接的重要平台。会展经济通过将不同城市、不同国家的生产与消费、供给与需求链接在一起，大大解决了当前商贸流通过程中信息屏蔽和信息不对称的问题，实现了极为高效的信息交换。通过分析会展的规模、数量，可以评估会展经济的发展情况，了解会展经济对流通市场的促进作用。

5. 城乡流通情况

建设城乡流通体系，是建设全国统一大市场，畅通国民经济循环的重要任务，也是促进农业发展、农村繁

① 参见李心萍：《快递业在现代流通体系建设中大有可为》，载《人民日报》2020年9月30日，第5版。

荣、农民增收，满足人民群众对美好生活向往的应有之义。城乡流通情况这一指标从农民专业合作社切入，评估考察城乡之间的流通畅通度。

（三）流通企业

流通企业在现代流通体系建设中占有主体地位，对于降低交易成本、扩大内需和提高市场效率具有重要作用。这一指标的评估主要涉及以下两个方面。

1. 物流企业情况

物流企业情况关注物流企业的数量、规模和效益，考察城市拥有国家 5A 级物流企业的数量。国家 5A 级物流企业是中国物流行业的最高评级，能够代表物流企业的综合实力、服务质量和行业影响力，从而反映该城市物流行业的竞争力和发展潜力。

2. 连锁经营企业情况

连锁经营企业在国内大循环中承担着重要角色。通过对企业形象和经营业务的标准化管理，实行规模经营，连锁企业可以更好实现规模效益。通过评估连锁经营企业的门店数量，可以了解一个城市在国民经济循环中的地位以及营商环境情况。

六、治理体系

治理体系是畅通国内大循环的制度机制保障。党的二十大报告提出，必须更好发挥法治固根本、稳预期、利长远的保障作用，在法治轨道上全面建设社会主义现代化国家。[①] 完善的法规政策和公正的法治环境，是确保市场主体公平竞争和经济健康运行的基础，更是打破国内大循环各环节梗阻的保障。对治理体系的评估，我们聚焦以下三个方面。

（一）法规政策

立法乃治国之要务，理政之圭臬。高质量的法规政策，才能保障经济高质量发展。这一指标围绕优化供给、扩大内需、要素配置和促进流通四个方面，评估城市在畅通国内大循环方面出台法规政策的概况。

1. 优化供给

对优化供给方面法规政策的评估主要是了解一个城市如何通过政策手段提升供给质量和效率。我们在这一

---

① 参见习近平：《高举中国特色社会主义伟大旗帜 为全面建设社会主义现代化国家而团结奋斗——在中国共产党第二十次全国代表大会上的报告》（2022 年 10 月 16 日），载《人民日报》2022 年 10 月 26 日，第 4 版。

指标中聚焦民营经济、绿色产业和重点产业三个主要领域，考察一个城市是否有在用地用房、金融支持、财政保障等方面支持民营经济发展的法规政策，促进绿色产品、服务发展的法规政策，以及针对数字经济产业、智能网联汽车等重点产业、未来产业的法规政策，从而了解政策对供给结构优化和供给水平提升的支持力度。

2. 扩大内需

对扩大内需方面法规政策的评估重点关注城市在刺激居民消费和促进消费升级方面的政策措施，了解政府在扩大内需方面的努力和成效。例如，该城市是否有推动汽车、家电等以旧换新的政策激励、补贴让利政策，以及是否有智能电子产品消费补贴政策。此外，针对有汽车限购政策的城市，考察其是否增加指标，放宽对汽车、特别是新能源汽车的限购。

3. 要素配置

对要素配置方面法规政策的评估旨在了解一个城市在土地、劳动力、资本、技术、数据等要素配置方面的创新型立法和政策措施，包括该城市是否有盘活低效用地、土地储备供应向实体经济保障等推进土地要素供给侧改革的举措，促进资本市场发展、推动资本要素市场化配置的法规政策，就业创业促进、科技创新促进的法规政策，以及数字经济方面的法规政策。

4. 促进流通

对促进流通方面法规政策的评估关注一个城市在保障要素顺畅流动方面的举措。一方面，考察政府在快递物流和新基建方面的法规政策；另一方面，从协同发展角度，考察一个城市是否有城际协同发展或区域协调发展的法规政策，以及是否有城乡一体化或县域经济高质量发展的法规政策。此外，对于探索“飞地经济”“飞地园区”建设并出台相关法规政策的城市，予以加分。

（二）法治保障

习近平总书记多次强调，“法律的生命力在于实施，法律的权威也在于实施”。[①] 畅通国内大循环机制需要将高质量的法治保障落实到执法、司法环节，以公正司法保障和促进社会公平正义，依法规范政府公权力，有效保护产权。法治保障指标的评估涉及三个方面。

1. 公正司法

通过评估司法体系的公正性和透明度，可以了解司

① 习近平：《关于〈中共中央关于全面推进依法治国若干重大问题的决定〉的说明》，载新华网，http：//www. xinhuanet. com/politics/2014 - 10/28/c _ 1113015372 _ 2. htm，最后访问时间：2024 年 7 月 27 日。

法机构在保障企业权益、维护市场竞争秩序等方面的效率和公正性。我们一方面考察地方检察院、法院在起诉、审理侵害民营企业及企业家合法权益犯罪案件，推进涉案企业合规改革，以及起诉、审理串通投标犯罪案件等维护公平竞争市场环境的举措；另一方面，通过考察法院、检察院年度工作报告的数据覆盖程度，测算其司法透明度。

2. 法治政府

畅通国内大循环对政府坚持依法行政，提高监管效能和监管能力提出了更高要求。这一指标具体考察地方政府行政执法“三项制度”的推行情况、行政执法责任制改革情况和执法队伍建设情况，并通过市场监管执法罚没情况推断地方政府的营商环境。

3. 产权保护

高质量的产权保护为社会财富创造和知识创新提供强大信心和支撑，护航国内大循环畅通。这一指标关注民营企业产权保护和知识产权保护两个方面，考察城市是否将强化产权全链条保护、深化产权保护工作体制机制改革作为工作重点。

（三）营商环境

习近平总书记在党的二十大报告中指出，要建立市场化、法治化、国际化一流营商环境。[①] 在国内大循环的过程中，公平、透明、可预期的营商环境对于激发市场活力、吸引要素资源、畅通要素流动而言举足轻重。营商环境建设是一项系统工程，我们在此选取公共服务、公平竞争和创新生态三方面的重点内容进行评估。

1. 公共服务

公共服务水平直接关系到一个城市的经济增长和人民生活的质量。在评估中，公共服务关注政务服务便民化水平和透明化水平，消费投诉举报的情况，并兼顾对该城市的治安、安全生产状况及环境空气质量的考察。

2. 公平竞争

畅通国内大循环，加快建设全国统一大市场，就需要为各类经营主体依法平等使用生产要素、公平参与市场竞争营造良好环境。2022 年修改的《反垄断法》明确国家建立健全公平竞争审查制度，《公平竞争审查条例》已于2024 年8 月1 日起施行，进一步防止地方出台排除、限制竞争的措施，[②] 为公平竞争指标的设立提供了依据。这一指标一方面关注地方政府是否常态化清理废除妨碍

① 参见习近平：《高举中国特色社会主义伟大旗帜 为全面建设社会主义现代化国家而团结奋斗——在中国共产党第二十次全国代表大会上的报告》（2022 年 10 月 16 日），载《人民日报》2022 年 10 月 26 日，第 3 版。

② 参见《为各类经营主体公平竞争营造良好环境（权威发布）》，载《人民日报》2024 年 6 月 22 日，第 4 版。

统一市场和公平竞争政策措施，另一方面考察是否有在进场交易登记时需同步进行公平竞争审查的规定。如果城市有涉营商环境的重大负面新闻报道，将予以减分。

3. 创新生态

创新是社会发展的重要源泉，为推动经济高质量发展提供不竭动力。评估创新支持的力度和效果，主要聚焦企业培育、服务提供和平台建设等方面，包括地方是否有创新型企业梯次培育体系，针对创新型企业提供资源共享和精准服务的综合服务平台，以及众创空间、孵化器、加速器、科技产业园等科技企业孵化育成体系，从而了解当地政策对产业创新和发展的支持力度。

第三章　积极参与和促进畅通国内大循环的样板城市分析

课题组根据城市畅通国内大循环机制评估指标体系，选取了 2023 年全国 GDP 排名前 10 的城市作为评估对象，对其在积极参与和促进畅通国内大循环中的政策举措与实际成效进行评估分析。

一、评估对象：畅通国内大循环的样板城市

城市是畅通国内大循环的重要节点，关系到区域资源的优化配置，关系到区域经济协调发展。习近平总书记在党的十九届五中全会上强调："各地区要找准自己在国内大循环和国内国际双循环中的位置和比较优势，把构建新发展格局同实施区域重大战略、区域协调发展战

略、主体功能区战略、建设自由贸易试验区等有机衔接起来，打造改革开放新高地，不能搞‘小而全’，更不能以‘内循环’的名义搞地区封锁。有条件的地区可以率先探索有利于促进全国构建新发展格局的有效路径，发挥引领和带动作用。”[①] 基于此，课题组选取了2023年全国城市GDP总量排名前10的城市作为评估对象（具体情况见表3）。这10个城市在全国经济中地位举足轻重，各具特色优势，在积极参与和促进畅通国内大循环方面的经验做法具有一定典型性和代表性。

北京、上海、广州、深圳作为传统一线城市，在中国经济发展和社会进步中发挥着至关重要的作用。北京作为首都，是全国政治、文化和国际交往中心。上海是中国最大的经济中心和重要的国际金融中心。广州和深圳是南部经济重镇和科技创新高地。这些城市拥有强大的经济实力，高度发达的制造业和服务业，众多科研机构和高等学府，不仅是国家经济的支柱型城市，也是全球资本和资源的聚集地和科技创新前沿阵地，在科技研发、成果转化和产业发展方面居于领先地位。

重庆是西部大开发的重要战略支点，处在“一带一路”和长江经济带的联结点上，在国家区域发展和对外

① 习近平：《新发展阶段贯彻新发展理念必然要求构建新发展格局》，载《求是》2022年第17期。

开放格局中具有独特而重要的作用。[①] 2023 年重庆实现地区生产总值 30145.79 亿元，是特大城市中第四个 GDP 总量超 3 万亿的城市。苏州作为江苏省的经济龙头，GDP 总量持续保持高位增长，2023 年已达到 2.47 万亿元人民币，位居全国第六，仅次于四大一线城市及直辖市重庆，在全国地级市中首屈一指。杭州作为浙江省的经济、文化、科技中心，是连接东部沿海地区和内陆地区的重要枢纽，对区域经济合作与发展具有显著的促进和带动作用。武汉作为中部地区的经济重镇，经济总量在全国城市中名列前茅。近年来，武汉的 GDP 持续保持高速增长，已成为中部地区首座“两万亿之城”。南京是中国东部地区重要的中心城市、全国重要的科研教育基地和综合交通枢纽，是长江三角洲唯一的特大城市和长三角辐射带动中西部地区发展的重要门户城市，[②] 在区域经济发展中地位重要。

① 参见《重庆市情简介》，载重庆市人民政府网，https：//www.cq.gov.cn/zjcq/sqgk/cqsq/202312/t20231205_12651429.html，最后访问时间：2024 年 7 月 27 日。

② 参见《南京城市概况》，载南京市人民政府网，https：//www.nanjing.gov.cn/zjnj/csgk/201910/t20191016_1678402.html，最后访问时间：2024 年 7 月 27 日。

表 3 10 个重点城市 2023 年地区生产总值一览表

城市名称	常住人口(万人)	GDP(亿元)	人均GDP(万元)	第一产业		第二产业		第三产业	
				绝对数(亿元)	占比(%)	绝对数(亿元)	占比(%)	绝对数(亿元)	占比(%)
上海	2487.5	47218.7	19.0	96.1	0.2	11613.0	24.6	35509.6	75.2
北京	2185.8	43760.7	20.0	105.5	0.2	6525.6	14.9	37129.6	84.8
深圳	1779.0	34606.4	19.5	24.7	0.1	13015.3	37.6	21566.4	62.3
广州	1882.7	30355.7	16.1	317.8	1.0	7775.7	25.6	22262.2	73.3
重庆	3191.4	30145.8	9.4	2074.7	6.9	11699.1	38.8	16372.0	54.3
苏州	1295.8	24653.4	19.0	195.2	0.8	11541.4	46.8	12916.8	52.4
成都	2140.3	22074.7	10.3	594.9	2.7	6370.9	28.9	15109.0	68.4
杭州	1252.2	20059.0	16.0	347.0	1.7	5667.0	28.3	14045.0	70.0
武汉	1377.4	20011.7	14.5	474.4	2.4	6800.9	34.0	12736.4	63.6
南京	954.7	17421.4	18.2	317.8	1.8	5929.0	34.0	11174.7	64.1

二、评估技术方法与数据来源

评估技术方法和数据来源是评估过程中两个至关重要的方面，决定了评估结果的准确性和可靠性。

（一）评估方法：以标杆为基准确保评估结果客观性

为客观、全面地分析样板城市积极参与和促进畅通国内大循环的典型做法和具体成效，有效评估不同城市在促进畅通国内大循环上的特长与不足、优势与劣势，课题组在借鉴国内外典型经验做法基础上，采用标杆评估法。标杆评估法，又称为标杆分析法或基准管理法，是一种通过将各项活动与行业内或跨行业的最佳实践进行比较，以识别差距、制定改进策略，并最终实现绩效提升的管理评估方法。在每个领域的具体指标评估中，为消除不同指标之间由于量纲和数量级差异所带来的影响，保持原始数据之间的相对关系不变，使评价结果更加客观、准确，课题组以 10 个城市中表现最佳的城市为评估基准（正向指标以指标数据值最高为基准，负向指标以指标数据值最低为基准），客观呈现不同城市与最佳城市之间比例差距。

具体评估指标数据标准化方法如下：

正向指标评估得分算法：$a^1 = a_1 / Max\ (a_1 : a_{10}) * a$；

负向指标评估算分方法：$a^1 = Min\ (a_1 : a_{10})\ / a_1 * a$。

（二）数据来源：以官方公开数据确保评估准确性

真实有效的数据是开展评估分析的基础。数据来源的可靠性、准确性、时效性、全面性、公开性直接决定着评估结果的可信度。因此，为确保评估结果的客观性、准确性和时效性，课题组在研发畅通国内大循环机制评估指标体系时，确定了指标数据采集渠道以政府官方公开数据源为主，专业第三方数据源为辅的基本原则。

本次 10 个样板城市的评估指标数据以官方公开发布

的数据为主，所涉及的数据源主要包括国家统计局、国家发展改革委、工业和信息化部等国家部委，有关省、市的统计、财政、交通、发展改革、市场监督管理等政府部门和人民法院、人民检察院公开发布的数据统计资料、年度工作报告等，涵盖了统计年鉴、国民经济与社会发展统计公报、政府工作报告、法院工作报告、检察院工作报告、政府决算报告、法治政府工作报告以及部门年度工作报告等多种类型数据源。

在评估过程中，课题组还使用了部分专业第三方数据，并与政府官方公开数据进行了验证比较，以进一步提高评估数据真实性、可靠性和有效性。在实际评估过程中，借助参考的第三方专业数据主要来自 Wind 资讯金融终端数据库、CEIC 数据库、全国中小企业股份转让系统市场数据、高德地图等。

三、基于中国城市畅通国内大循环机制评估指标体系的实证分析

课题组根据畅通国内大循环评估指标体系，从供给体系、需求体系、要素资源、流通体系以及治理体系 5 个方面对上海、北京、深圳以及广州等 10 个城市进行评估分析，具体评估结果如下：

（一）评估总体结果

评估结果显示，深圳、北京、广州和上海在融入、支撑和促进国内大循环方面充分发挥了引领和带动作用，具有显著综合优势。杭州在要素资源配置上表现亮眼，跻身前列；武汉“需求、流通”并驾齐驱，领跑高质量发展；苏州治理体系与需求体系建设卓有成效；重庆在打造需求体系建设标杆上，有其独到之处，位次领先。（见表4）

表4 中国城市畅通国内大循环机制评估结果概览

总排名	城市名称	分领域排名				
		供给体系	需求体系	要素资源	流通体系	治理体系
1	深圳	3	4	1	4	3
2	北京	1	8	2	6	4
3	广州	4	9	6	1	1
4	上海	2	7	8	3	6
5	杭州	5	5	3	7	5
6	武汉	7	2	9	2	9
7	南京	8	6	4	5	8
8	苏州	6	3	5	10	2
9	重庆	10	1	10	8	7
10	成都	9	10	7	9	10

1. 深圳：融入新发展格局，争当畅通国内大循环“排头兵”

作为全面深化改革的先锋和示范区，深圳处于国内国际双循环交汇的重要位置，是国内大循环战略支点和国内国际双循环联通枢纽。评估结果显示，深圳是服务融入新发展格局，畅通国内大循环的“排头兵”。2023年，深圳 GDP 达到 3.46 万亿元，同比增长 6.0%，稳坐全国“三万亿先生”交椅。

第一，要素资源优势一骑绝尘，技术、数据要素支撑作用突出。要素资源的畅通流动和优化配置在国内大循环中至关重要。评估结果显示，深圳在资本、劳动力、技术要素以及数字经济发展等方面具有显著比较优势。从资本要素情况来看，深圳资本市场活力强劲，截至 2023 年年底，创业板上市公司累计达 158 家，新三板挂牌公司累计达 329 家，位居 10 个城市之首；累计拥有风投创投机构近 2000 家、管理资金 1.5 万亿元，居全国第三；深圳证券交易所股票成交金额位居亚洲第一、全球第三。[①] 从技术要素情况来看，深圳科技创新“核力足”，2023 年国家高新技术企业超 2.4 万家，PCT 国际专利申请量 15854 件，连续 20 年居全国大中城市首位；PCT 国际专利申请公开量 17161 件，在国际创新城市对比中排

① 参见《深交所 2023 年股票交易额亚洲第一 债券发行规模首次突破 2 万亿元》，载中国证券网，https：//news. cnstock. com/news，bwkx－202401－5184407. htm，最后访问时间：2024 年 7 月 26 日。

名第二。[①]

第二，市场主体“活力足”，产业体系科技“含量足”。评估结果显示，深圳在市场主体活力、产业结构升级方面有显著比较优势，供给主体、供给结构评估排名均位列10个城市之首。研究发现，作为创业之都，深圳市场主体“活力足”，特别是专精特新、小巨人等优质中小企业规模大、潜能足。截至2023年，深圳新登记市场主体数56.5万户、增长26.4%，其中个体工商户增长44.0%，企业增长14.7%，商事主体规模达到422.6万户，每万人拥有市场主体数达2411户；拥有世界500强企业11家，上市企业500多家。近年来，深圳实施培育壮大市场主体“30条”，培育壮大国家高新技术企业，打造了一批国家级专精特新“小巨人”企业，大力培育“独角兽”企业，形成了一批专注于战略性新兴产业集群的“隐形冠军”企业、创新领军企业、未来新兴企业。数据统计显示，2023年，深圳新增国家级专精特新“小巨人”企业309家，新增数量位居全国大中城市第一；“小巨人”企业累计742家，位居全国第二，每百万人拥有“小巨人”企业数达42家，位居10个城市之首；新

① 参见《深圳市2023年知识产权白皮书》，载深圳市市场监督管理局网，http://amr.sz.gov.cn/xxgk/qt/ztlm/zscqcjybh/zscqbps/content/post_11262465.html，最后访问时间：2024年7月26日。

增独角兽企业6家，独角兽企业累计32家。[①]

在产业结构方面，深圳始终坚持工业立市，制造业当家，以科技创新引领现代化产业体系建设，统筹推进以先进制造业为骨干的20大战略性新兴产业集群和8大未来产业发展，加快形成新质生产力，“深圳制造”“深圳智造”和“深圳创造”正在成为深圳新标签。新兴产业集群“劲力足”，战略性新兴产业增加值增长8.8%，占地区生产总值比重提高到41.9%，高技术制造业投资增长64.0%。2023年，深圳规上工业总产值超过4.8万亿元，规上工业增加值增长6.2%，两项统计蝉联全国城市“双第一”，稳居中国“工业第一市”。

第三，聚焦服务融入新发展格局，多措并举营造法治化营商环境。完善的法规政策和公正的法治环境，是确保市场主体公平竞争和经济健康运行的基础，更是打破国内大循环各环节梗阻的前提。评估分析发现，深圳主动服务、融入新发展格局，畅通国内大循环，在优化供给、扩大内需、要素配置、促进流通等方面出台了一系列政策举措。2022年以来，深圳先后发布《关于发展壮大战略性新兴产业集群和培育发展未来产业的意见》及20个集群和未来产业行动计划、17个若干措施等政

---

① 参见长城战略咨询：《中国独角兽企业研究报告2024》，2024年6月16日。

策；从多个方面支持消费市场的发展，出台了《关于深圳市加快建设具有全球重要影响力的消费中心的意见》和“促消费30条”等系列政策实施细则；在要素市场化方面，建立了土地联动高效审批机制、境内外双向投资新机制，推动基础设施领域不动产投资信托基金（REITs），畅通资金循环实施私募基金商事登记服务创新和全流程一体化监管，推出创业板注册制改革；建立新兴领域知识产权保护新机制、实行大科学计划全链条综合管理机制等。[①] 这些政策举措出台为深圳产业创新打通“任督二脉”，为经济发展提供了良好制度保障。

2. 北京：供给能力水平强、要素资源配置水平高

北京在全球经济和国内经济中的整体实力和影响力均较强。2023年，北京地区生产总值增长5.2%、约4.4万亿元，一般公共预算收入增长8.2%、突破6000亿元，居民收入增长与经济增长同步，人均地区生产总值、全员劳动生产率等多项指标保持全国省级地区最优水平。评估结果显示，北京充分发挥“高精尖”企业集聚地优势，通过大力发展绿色和品牌经济，融入区域大循环，推动产业链融合开放，提升供给主体能力和质量水平，

① 参见《国家发展改革委关于推广借鉴深圳综合改革试点首批授权事项典型经验和创新举措的通知》，中国政府网，https://www.gov.cn/zhengce/zhengceku/2022-10/16/content_5718872.htm，最后访问时间：2024年7月26日。

在供给体系综合评估中领跑；技术、数据要素资源优势地位突出，综合排名仅次于深圳，位居第二。

第一，"高精尖"企业集聚，提升供给能力水平。北京国家高新技术企业、专精特新"小巨人"企业和独角兽企业数量均居全国前列。2023 年，北京辖区共有上市公司475 家，占全国A 股上市公司的8.9%，在中国证监会各辖区中排名第三；总市值 16.6 万亿元，同比增长 6.6%，占A 股上市公司总市值的 21.3%，各辖区排名第一。[①] 截至2023 年 12 月底，北京拥有中国 500 强企业 110 家，每百万人中国 500 强企业数量 4.4 家；世界 500 强企业 52 家，每百万人世界 500 强企业数量 2.4 家。2023 年，北京新设企业近 30 万家，高于近三年平均水平，在营中小微企业约为 201.4 万家，同比增长 10.05%，日均新设中小企业近 800 家。北京累计认定创新型中小企业 11164 家，市级专精特新中小企业 7180 家，国家级专精特新"小巨人"企业 795 家，专精特新"小巨人"数量连续两年位于全国各城市之首。其中，专精特新上市企业 153 家，占上市企业总量的 1/3。[②] 北京

---

① 参见北京市促进中小企业发展工作领导小组办公室：《2023 年北京市中小企业发展报告》，载北京市经济和信息化局网，https：//jxj. beijing. gov. cn/zwgk/zfxxgk/zfxxgkml/202404/t20240425_3637105. html，最后访问时间：2024 年 7 月 27 日。

② 参见北京市促进中小企业发展工作领导小组办公室：《2023 年北京市中小企业发展报告》，载北京市经济和信息化局网，https：//jxj. beijing. gov. cn/zwgk/zfxxgk/zfxxgkml/202404/t20240425_3637105. html，最后访问时间：2024 年 7 月 27 日。

领跑中国“独角兽之城”，独角兽企业数量多、成色硬。全国1/3的硬科技独角兽诞生于北京。[①] 根据《中国独角兽企业发展报告（2024年）》显示，北京独角兽企业数高达114家，60%为硬科技企业，全国5家通用大模型独角兽企业中北京占4家，人工智能、软件和信息服务、新消费三个领域的独角兽企业均在15家以上，且在全国该行业比重中均占五成左右。

第二，绿色和品牌经济赋能提升供给质量水平。北京积极推进绿色经济标杆城市建设，提升经济高质量发展水平。截至2023年，北京拥有112家国家级绿色工厂；建立10家产值过百亿元的“智慧工厂”，培育103家“智能工厂”和“数字化车间”。[②] 根据全国认证认可信息公共服务平台数据显示，2023年北京绿色产品认证获证数2798个，每百万人拥有绿色产品认证获证达128个，在10个城市中排名中位居第二，仅次于上海。此外，2023年北京有效期内地产农产品绿色食品企业577家，产品389个，绿色有机农产品产量增长21.0%。[③]

---

① 参见《一批独角兽企业重大项目在京落地 北京领跑中国“独角兽之城”》，载《北京日报》2024年4月29日，第9版。

② 参见《北京锚定重点产业 打造绿色低碳新动能》，载新华网，http://bj.news.cn/20240417/36d393ab6ef74158b833c95190aa9975/c.html，最后访问时间：2024年7月27日。

③ 参见《北京市2023年国民经济和社会发展统计公报》，载北京市人民政府网，https://www.beijing.gov.cn/zhengce/zhengcefagui/202403/t20240321_3596451.html，最后访问时间：2024年7月27日。

积蓄品牌新势能，打造品牌经济。习近平总书记在2017年12月举行的中央经济工作会议上强调，“要推进中国制造向中国创造转变、中国速度向中国质量转变、制造大国向制造强国转变”。近年来，北京从北京科创、北京服务、北京文旅、北京消费等方面全方位推动品牌建设和发展，通过实施商标战略，大力积蓄品牌新势能，打造品牌经济。截至2023年12月，北京商标有效注册量总计307.9万件，位居全国首位；每万人有效商标注册量达1409件，仅次于上海；经商务部认定的“中华老字号”企业有134家，每百万人拥有中华老字号6.1家，数量规模和人均水平仅低于上海，位居全国第二。2021—2023年，北京累计新增品牌首店、旗舰店、创新概念店2659家，其中全球首店13家、亚洲首店11家、中国（内地）首店171家，北京首店2464家，首店首发经济蓬勃发展。①

第三，融入区域大循环，推动产业链融合开放。2023年，北京联手津、冀，聚焦生物医药、新能源、智能网联汽车等六大跨区域产业链，发布产业链图谱，合力推进“开通一条路”“共造一辆车”“智算一张网”“保障一条线”等一批示范项目，催生孕育新质生产力的

① 参见《厚积薄发 北京品牌建设取得新成效》，载《北京日报》2024年5月10日，第4版。

新集群。[1] 北京积极支持符合雄安新区功能定位的创新资源在当地布局发展，雄安新区中关村科技园挂牌运营，投资来源为北京的注册企业超过 3000 家。[2] 中关村企业在天津、河北设立分支机构累计超 1 万家。2023 年，北京向天津、河北输出技术合同成交额 748.7 亿元、同比增长 109.8%；支持雄安新区“三校一院”交钥匙项目开学开诊，公共服务共建共享不断深化。[3]

第四，技术创新和成果转化能力强、潜力大。北京 8 年蝉联“自然指数—科研城市”全球首位。[4] 从创新投入来看，2023 年，北京全社会研究与试验发展（R&D）经费投入占 GDP 比重达 6.83%，投入强度自 2019 年以来连续保持在 6% 以上，稳居全国各省（区、市）首位。从技术创新与成果转化来看，2023 年北京技术交易实现“双突破”，全市认定登记技术合同突破十万项，达 106552 项，比上年增长 12.1%；技术合同成交额突破 8500 亿元大关，达 8536.9 亿元，占 GDP 比重达到 20%，

① 参见《在高质量发展中拼出“超预期”——北京经济整体回升向好形势观察》，载《新华每日电讯》2024 年 1 月 28 日，第 1 版。

② 参见《携手奔“现”——本市推动协同发展不断迈上新台阶，形成中国式现代化的生动实践》，载《北京日报》2024 年 5 月 13 日，第 3 版。

③ 参见《2024 年北京市政府工作报告》，载北京市人民政府网，https://www.beijing.gov.cn/gongkai/jihua/zfgzbg/202401/t20240129_3547363.html，最后访问时间：2024 年 7 月 27 日。

④ 参见《奋力开创高质量发展新局面》，载《人民日报》2024 年 3 月 20 日，第 2 版。

稳居10个城市之首。2023年，北京每万人口发明专利拥有量262.9件，同比增长20.43%；全市高价值发明专利29.9万件，每万人口高价值发明专利拥有量136.95件，稳居全国第一。[①] 从产业发展来看，2023年北京数字经济增加值占全市GDP比重达42.9%；高技术产业投资同比增长16.2%，创新投资持续增加；全市300余家国家级专精特新“小巨人”工业企业产值增长15.2%。

北京在促进现代化产业发展、扩大服务业开放、服务贸易便利化等方面积极探索。近年来，北京相继出台通用人工智能、人形机器人等30余项细分产业支持政策，形成了一系列全国首创政策或创新制度安排。北京突出制度创新先行先试，先后推出优化营商环境改革1.0至6.0，实施了1200多项举措，减事项超过60%、减时限71%、减证明超过320项；在40多个行业推广“一业一证”，推出62个“一件事”集成办理服务，在50个场景实现了一体化综合监管。[②] 2023年以来，北京积极营造企业群众更有获得感的营商环境，以优良“软环境”筑牢发展“硬支撑”。2023年《关于北京市全面优化营商环境打造“北京服务”的意见》出台，提出打造

① 参见《2023年北京知识产权保护状况新闻发布会》，载北京市人民政府网，https://www.beijing.gov.cn/shipin/Interviewlive/1041.html，最后访问时间：2024年7月27日。

② 参见《奋力开创高质量发展新局面》，载《人民日报》2024年3月20日，第2版。

"1368"框架体系，进一步激发经营主体发展活力，有效推动现代化产业体系建设，营商环境进入全面整体优化升级的新阶段。①

3. 广州："大流通体系"优势明显，畅通实体经济"血脉"

广州作为华南经济中心，2023 年 GDP 突破 3 万亿大关，成为继上海、北京和深圳之后第四个达到 3 万亿里程碑的城市。评估结果显示，广州积极探索融入新发展格局，通过推进产业升级转型，夯实供给能力水平，充分发挥"大流通"体系优势，在畅通国内大循环机制评估中进入前三甲，仅次于深圳、北京。

第一，广州供给主体、供给结构和供给水平表现出色，市场主体的活力、产业结构的优化程度以及产品服务的质量提升情况处于一线方阵水平。在壮大市场主体方面，2023 年，广州新登记经营主体 540400 家，增长 30.1%，在 10 个城市中市场主体增速最快。高新技术企业、科技型中小企业数量分别增至 1.3 万家和 2.1 万家，新增专精特新"小巨人"企业 125 家，实现翻倍增长，

① 参见《优化营商环境再进一步 北京提出"1368"框架打造"北京服务"》，载北京市人民政府网，https://www.beijing.gov.cn/ywdt/gzdt/202312/t20231212_3498652.html，最后访问时间：2024 年 7 月 27 日。

入选全球独角兽企业 22 家，增量在全国城市中居第一位。[①] 在优化供给结构方面，广州不断提升产业发展竞争力，推动产业数字化、数字产业化。2023 年，广州共形成 6 个产值超千亿元的先进制造业产业集群和 7 个增加值超千亿元的现代服务业行业，新一代信息技术、智能与新能源汽车、生物医药与健康等“3 + 5”战略性新兴产业合计实现增加值 9333. 54 亿元，占地区生产总值的比重为 30. 7%，先进制造业增加值增长 0. 5%，占规模以上工业增加值比重为 60. 5%，数字经济核心产业增加值占地区生产总值达到 12. 8%。[②] 广州聚焦高质量产品和服务供给，技术创新与成果转化实现新突破。2023 年，新增发明专利授权量 3. 6 万件、增长 31. 9%，获评首批国家知识产权保护示范区、全国商业秘密保护创新试点地区。[③] 有效商标注册量突破 220 万件，绿色产品认证数量突破 1200 个，发布团体标准 607 个。在需求端，2023 年，广州社会消费品零售总额 11012. 62 亿元，同比增长 6. 7%，已连续 3 年保持在万亿元以上；消费需求本地满足率 1. 51，高于北京、上海、深圳。

---

① 参见《2024 年广州市政府工作报告》，载广州市人民政府网，https：//www. gz. gov. cn/zt/jj2024gzlhzt/hyjj/content/post_ 9462905. html，最后访问时间：2024 年 7 月 27 日。

② 参见《2023 年广州市国民经济和社会发展统计公报》，载广州市人民政府网，https：//www. gz. gov. cn/zwgk/sjfb/tjgb/content/post_ 9570687. html，最后访问时间：2024 年 7 月 27 日。

③ 参见《2024 年广州市政府工作报告》，载广州市人民政府网，https：//www. gz. gov. cn/zt/jj2024gzlhzt/hyjj/content/post_ 9462905. html，最后访问时间：2024 年 7 月 27 日。

第二，“大流通”体系优势明显，为畅通经济循环发展提供了强有力的支撑。“物畅其流、货通天下”是双循环新发展格局与现代流通体系的重要标志与核心要求，高质量现代流通体系在全国统一大市场建设中具有基础性、先导性、战略性作用。评估分析发现，广州具有强大的商品流通量，在现代商贸流通体系中扮演着节点城市的角色，并不断打通“大动脉”、畅通“微循环”。2023 年广州交通运输、仓储和邮政业增加值比上年增长 12.2%，已连续 5 年完成投资超千亿元。作为国际性综合交通枢纽，广州具有交通枢纽功能强、物流产业规模大等发展优势，客货运枢纽功能表现出色。广州港、广州南站、白云国际机场等海陆空综合交通枢纽，以及密布的公路、铁路和水路交通线路，密织广州流通网络。2023 年广州全年客运量突破 3 亿人次，同比增长 76.3%，其中白云国际机场旅客吞吐量 6317.35 万人次，四年蝉联单个机场客流量冠军；机场货邮吞吐量 203.11 万吨，位居全国第二；港口货物吞吐量 67498.45 万吨，集装箱吞吐量 2541.44 万标箱，港口集装箱吞吐量位居全国第三、全球第六。2023 年，广州快递业务量 114.50 亿件，已经连续 3 年突破 100 亿件，快递业务量仅次于浙江金华（含义乌），排名中国城市第二，充分展现了作为“中国快递示范城市”的活力和风采。[①]

第三，商贸流通的核心枢纽作用日益突出。广州拥有众多商业设施，包括会展中心、专业市场、购物中心等商贸载体，为商贸流通提供了良好的硬件支持。2023年广州全年展览面积达1181万平方米，占全国展览总面积的8.23%；展览数量314场，占全国展览总场次4%，展览规模位居全国第二，仅次于上海。专业批发市场是构建现代流通体系和促进国民经济循环的关键一环、重要渠道，能有效推动国内外两个市场体系有效对接、深度接轨。广州专业市场对国家双循环战略具有重要服务功能，数据显示，广州拥有专业市场逾551家，成交额突破万亿元大关，占全国份额约1/7，其中亿元以上年成交额的市场就有108家，[②] 已成为全国商贸功能的重要载体。

（二）分领域评估结果

1. 供给体系：促增长、升结构、优水平

习近平总书记指出，“在我国发展现阶段，畅通经济

---

① 参见《广州市快递业务量连续3年突破百亿件》，载广州市邮政管理局网，http://gd.spb.gov.cn/gdsyzglj/c106014/c106017/202402/5dde5755facc4fd38e1e26520b92e7bc.shtml，最后访问时间：2024年7月27日。

② 参见《把握建设全国统一大市场战略机遇，广州专业市场上新》，载广州市商务局网，https://sw.gz.gov.cn/tpxw/content/post_8526158.html，最后访问时间：2024年7月27日。

循环最主要的任务是供给侧有效畅通，有效供给能力强可以穿透循环堵点、消除瓶颈制约，可以创造就业和提供收入，从而形成需求能力”。[①] 提升供给体系的质量、效率与水平，是解决供需不平衡不匹配问题的治本良方，也是疏通国内大循环堵点的关键所在。推动构建高质量供给体系，必须激发供给主体的发展活力、竞争活力和创新活力，优化改善供给结构，提高供给质量水平，在“促增长、升结构、优水平”上下苦功、练硬功。评估结果显示，北京、上海、深圳在供给体系方面的综合表现突出，发挥了引领和带动作用，在市场主体生产能力和活力、产业结构的优化程度以及产品服务的质量提升等方面处于绝对领先地位，几乎包揽前三位置。杭州凭借市场主体活力足的优势，在供给主体方面表现亮眼，冲进一线方阵。根据杭州市统计局发布数据显示，2023 年杭州新设立各类市场经营主体 36.5 万户，比上年增长 26.7%，增长速度仅低于广州；其中新设企业 15.3 万户，个体工商户 21.2 万户，分别增长 14.6% 和 37.1%；规模以上私营企业占比超过 75%，仅次于重庆。在全国工商联公布的“2023 中国民营企业 500 强”榜单中，杭州有 42 家企业上榜，连续 21 年上榜数量居全国城市第

① 习近平：《把握新发展阶段，贯彻新发展理念，构建新发展格局》，载《求是》2021 年第 9 期。

一位。[①] 杭州民营经济贡献了杭州市51%的投资、61%的GDP、65%的税收、72%的出口和95%的市场主体数量，民营企业的蓬勃发展是杭州在畅通国内大循环中占据重要位置的强大助力。（见表5）

表5 中国城市畅通国内大循环机制供给体系评估排名

供给体系排名	城市名称	分领域评估排名		
		供给主体	供给结构	供给水平
1	北京	2	2	2
2	上海	6	3	1
3	深圳	1	1	3
4	广州	4	4	4
5	杭州	3	8	6
6	苏州	5	6	5
7	武汉	8	5	8
8	南京	7	10	7
9	成都	10	7	10
10	重庆	9	9	9

从表5“中国城市畅通国内大循环机制供给体系评估排名”可以看出，北京、上海、深圳以及广州在构建高质量供给体系方面没有明显短板弱项，其供给主体、供给结构和供给水平的名次均排在前列。在供给主体评估排名中，深圳、北京、杭州和广州占据前四位置。深

① 参见《杭州民营企业蓬勃发展创新力竞争力来自哪里》，载《杭州日报》2024年1月3日，第A06版。

圳、北京、杭州和广州的市场主体不仅存量大、增速高，而且科技含量高、质量水平高（见图 1）。其中，截至 2023 年，深圳市场主体数超过 420 万户、增长 26.4%，其中专精特新中小企业数量超过 1 万家、“小巨人”企业数量超过 740 家；北京市场主体数超过 250 万户、增长 8.27%，其中专精特新中小企业数量 7180 万家，“小巨人”企业数量 795 家；广州 2023 年新增登记市场主体数 540400 户，增长 30.14%，在 10 个城市中增速最快，每百万人拥有专精特新中小企业、“小巨人”企业数量分别为 317 家、13 家。

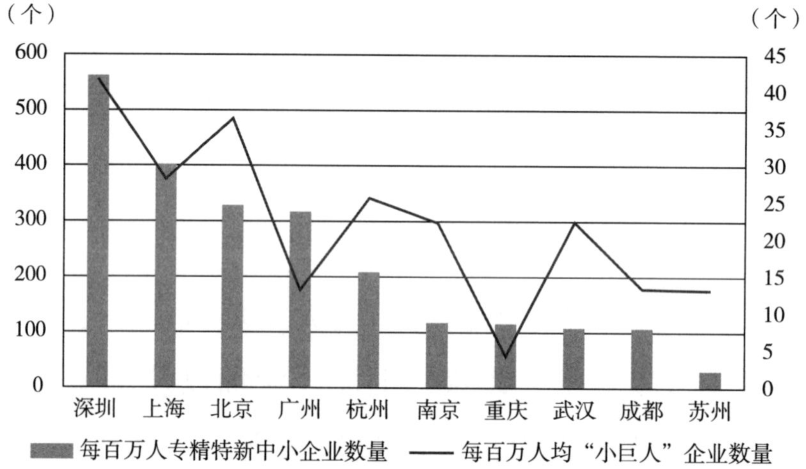

图 1 优质中小企业发展情况

在供给结构方面，深圳、北京、上海、广州在传统产业升级改造、新兴产业培育方面均走在全国前列，尤其是在战略性新兴产业发展上优势相对明显。截至 2023

年，深圳战略性新兴产业占 GDP 的比重超过 40%，广州已超过 30%，上海和北京接近 25%（见图 2）。中共中央、国务院印发的《扩大内需战略规划纲要（2022—2035 年）》强调，深入推进国家战略性新兴产业集群发展，建设国家级战略性新兴产业基地。数据统计显示，深圳、北京、上海、广州四市共拥有国家战略性新兴产业集群高达 13 个，占全国国家战略性新兴产业集总数的 20%。其中北京和上海各有 4 个，深圳有 3 个，广州有 2 个。

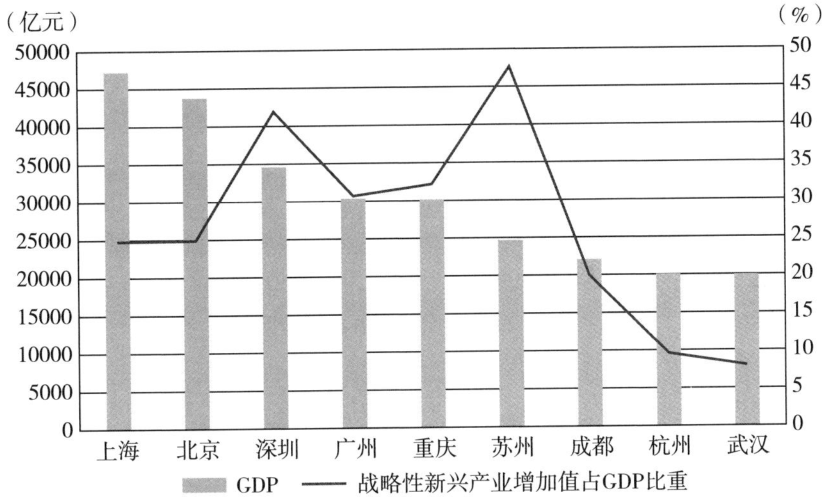

图 2　战略性新兴产业发展情况

注：其中 2023 年南京数据缺失，在官方公开渠道无法获取，在评估时按缺失值处理。

在供给水平方面，上海、北京、深圳、广州同样领跑其余城市，包揽前四位置。上海在标准建设、绿色发展方面成为其他城市追赶的标杆。根据全国团体标准信息平台数据显示，上海发布的团体标准数量高达 3007 个，每百万人拥有团体标准 121 个，遥遥领先于其他城市。上海入选国家农业绿色发展先行区，绿色产品供给水平也让其他城市难以望其项背。全国认证认可信息公共服务平台数据显示，上海绿色产品认证数量高达 3368 个，每万人拥有绿色产品认证数量 135 个。(见图 3)

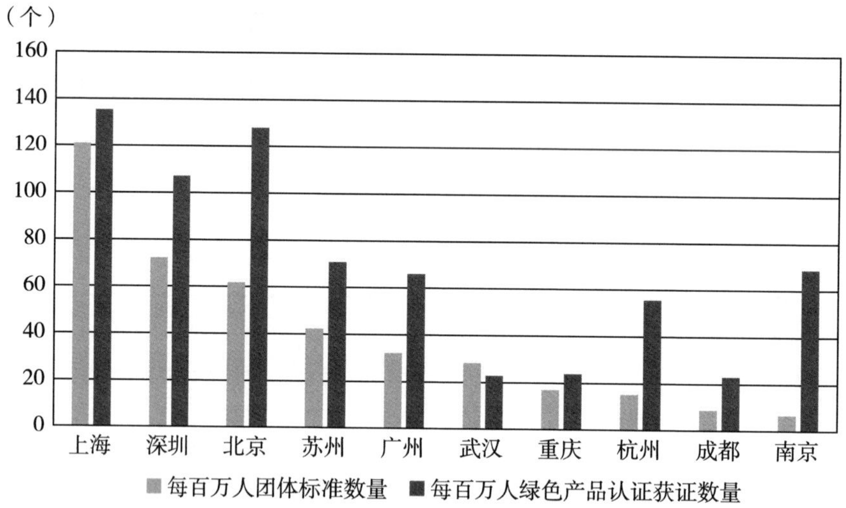

图 3 标注建设与绿色发展情况

在品牌建设方面，上海也亮点突出，拥有中华老字号数量全国最多，高达 197 个。而北京的品牌建设综合能力出众，是竞逐学习标杆。北京拥有的世界“500 强”企业和中国“500 强”企业数量占据全国半壁江山，数量最多；有效商标注册量超过 30 万件，中华老字号数量 134 个，仅少于上海；绿色产品供给与上海处于同一个水平，每百万人绿色产品认证数量达 128 个。(见图 4)

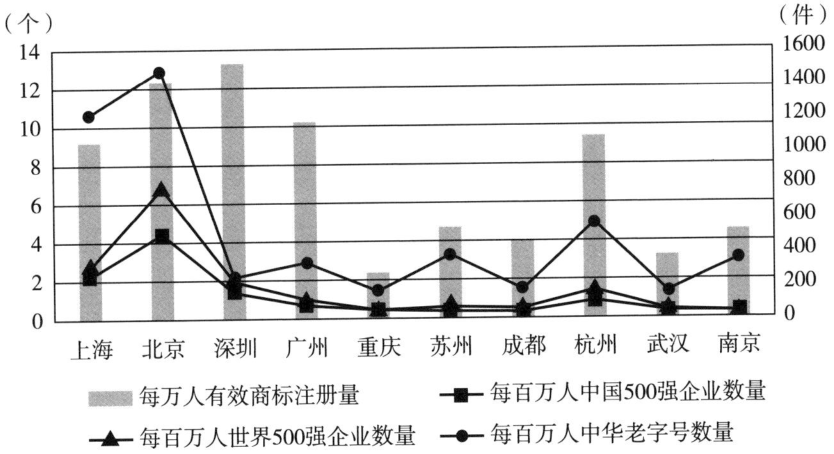

图4　品牌建设情况

2. 需求体系：促消费、稳投资、增收入

国内大循环要求实现生产、分配、交换、消费等环节在国内完成。培育完整内需体系是释放国内统一大市场的潜在需求，满足人民美好生活需要，构建新发展格局的关键。评估结果显示，重庆、武汉、苏州、深圳以及杭州在培育内需体系，加快释放内需潜力，挖掘消费潜能，促进消费增长，提高消费水平以及社会保障水平等方面的综合实力较强，包揽需求体系总排名前5名。部分城市在具体领域表现较为亮眼，南京消费水平表现一骑绝尘，上海收入水平遥遥领先其他城市，广州在消费和社会保障水平上均有不俗表现。（见表6）

表 6 中国城市畅通国内大循环机制需求体系评估排名

需求体系总排名	城市名称	分领域评估排名			
		消费水平	投资水平	收入水平	社会保障
1	重庆	**3**	5	10	**1**
2	武汉	**2**	**2**	5	6
3	苏州	4	4	6	**2**
4	深圳	10	**1**	**2**	9
5	杭州	7	**3**	**3**	8
6	南京	**1**	6	7	7
7	上海	9	7	**1**	5
8	北京	6	8	4	4
9	广州	5	9	9	**3**
10	成都	8	10	8	10

重庆在内需体系培育水平方面可以成为标杆，主要在于消费、投资和社会保障水平的拉动。社会保障直接影响了居民的消费能力，通过提供医疗保险、养老保险等福利，能够降低居民负担，释放居民消费潜能。研究发现，重庆社会保障水平在 10 个城市中最高，社会保障和就业支出占一般公共预算比重为 20.62%，远高于其他城市；医疗费用可负担指数 4.66，仅低于苏州和深圳。从消费总体水平情况来看，重庆位列万亿级消费城市，2023 年重庆社会消费品零售总额达到 15130.25 亿元，比上年增长 8.6%，高于全国 1.4 个百分点；人均社会消费品零售总额 47409 元，比上年增长 9.39%。重庆消费需求本地满足率达 1.72，在 10 个城市中位列第二名，仅低

于南京。作为首批培育的国际消费中心城市，重庆以成渝双城消费节为载体，联动川渝 100 家购物中心、1000 余家重点企业和上万个品牌商家，开展 500 余项双城联动促销活动，有力激发了消费新活力。[①] 从投资水平来看，民间投资则是创造就业岗位、扩大消费需求的突出力量和促进社会融资的重要渠道。2023 年重庆私营企业投资额占固定资产投资额比重为 36.9%，仅低于武汉和深圳，位列第三。

武汉在需求体系方面没有明显短板弱项，消费水平和投资水平表现较为亮眼。从消费水平来看，2023 年武汉社会消费品零售总额 7531.9 亿元，比上年增长 8.6%，时隔四年重新迈上 7 千亿元台阶。在居民消费水平方面，2023 年，武汉全市民用汽车拥有量 456 万辆，比上年末增加 34 万辆。其中私人小汽车 391.38 万辆，增加 29.51 万辆；每百户居民家庭家用汽车拥有量高达 112 辆，在促进耐用消费品升级换代方面稳坐第一把交椅。武汉一般公共预算收入占 GDP 比重 14.8%，仅低于上海，地区财政收入保持较高水平。从投资水平来看，武汉和杭州投资水平位居前三名。2023 年武汉私营企业投资额占固定资产投资额比重高达 45%，民间资本投资恢复发展势

① 参见《增加市场新供给 激发消费新活力》，载《人民日报》2024 年 7 月 24 日，第 19 版。

头强劲，私营企业投资额在10个城市中占比最高。

从具体领域来看，南京在消费水平方面表现十分优异，位居10个城市之首，让人眼前一亮。2023年，南京社会消费品零售总额达到8201.07亿元，首次突破八千亿大关，总量创历史新高，同比增长4.7%，增速较2022年同期提升5.5个百分点；每万人社会消费品零售总额消费达到82040元，同比增长4.7%，人均社会消费品零售总额位居10个城市之首；需求本地满足率高达2.04，遥遥领先其他城市。上海在收入水平端遥遥领先于其他城市，稳居榜首位置。2023年，上海一般公共预算收入占GDP比重17.6%，在10个城市中占比最高；居民人均可支配收入84834元，比上年增长6.6%，居民收入总体水平领先其他城市。

广州是全国四个万亿级消费城市之一，2023年社会消费品零售总额实现11012.62亿元，同比增长6.7%；其中，新能源汽车类商品持续热销，实现零售额同比增长35.1%；[①] 每万人社会消费品零售总额消费58493.76，在10个城市中排名第五；城镇居民恩格尔系数31.2，在10个城市中排名第三。在收入水平端，广州是让富于民

① 参见《2023年广州市国民经济和社会发展统计公报》，载广州市统计局网，http://tjj.gz.gov.cn/stats_newtjyw/tjsj/tjgb/qstjgb/content/post_9567759.html，最后访问时间：2024年7月26日。

的典范城市。2023 年广州城镇居民人均可支配收入 80501 元，排在 10 个城市中第三位；居民收入在 GDP 占比为 49.93%，在 10 个城市中占比最高。广州社会保障水平处于一线方阵，位居第三位，社会保障和就业支出在一般公共预算中所占比重为 11.9%，医疗费用可负担指数 3.96，仅次于深圳、重庆、苏州。

3. 要素资源：重技术、优配置、强赋能

劳动、资本、土地、知识、技术、管理、数据等是进行生产经营活动所必须具备的要素。[①] 在数字经济背景下，数据要素、技术要素的重要性全面上升，数据逐步成为驱动生产力跃迁的核心优质要素，科技创新成为形成新质生产力的关键引擎。以数据要素为重要引擎，以科技创新引领现代化产业体系建设，加快形成新质生产力，就能在构建新发展格局，畅通国内大循环中建立相对比较优势。评估结果显示，深圳、北京和杭州充分发挥数据要素乘数效应，注重数据与资本、技术等优势生产要素的有效融合发展，在增加高质量科技供给、推动数字经济发展等方面比较优势明显，是要素资源优化配置的典范城市，在要素资源综合排名中分别位列第一名、第二名、第三名，领跑一线方阵。(见表 7)

① 参见魏琪嘉：《促进先进优质生产要素顺畅流动》，载《经济日报》2024 年 7 月 16 日，第 10 版。

表7　中国城市畅通国内大循环机制要素资源评估排名

要素资源总排名	城市名称	分领域评估排名					
		资本要素	土地要素	劳动力要素	技术要素	数据要素	能源资源
1	深圳	**1**	4	8	**2**	**2**	**2**
2	北京	6	9	7	**1**	4	5
3	杭州	**2**	7	**3**	7	**1**	**3**
4	南京	**3**	**3**	**2**	6	**3**	7
5	苏州	4	**1**	5	5	7	10
6	广州	5	8	**1**	**4**	5	8
7	成都	9	10	4	9	6	**1**
8	上海	7	6	9	**3**	8	6
9	武汉	8	**2**	6	8	10	4
10	重庆	10	5	10	10	9	9

从具体领域来看，在资本要素方面，深圳、杭州、南京、苏州以及广州比较优势明显，在资本要素标杆评比中包揽前5位。深圳具有明显资本要素优势，拥有以深圳证券交易所（深交所）为核心的多层次资本市场体系，资本市场活力大，为不同规模和阶段的企业提供了丰富的融资渠道。数据统计显示，2023年深圳每百万人拥有上市企业数32家，每万人拥有科创板、创业板上市与新三板挂牌企业数30家，在10个城市中均处于领跑位置（见图5）。深圳作为中国的经济特区和创新高地，对外资具有强大的吸引力。深圳外商直接投资保持强劲增长态势，2023年深圳实际使用外资达626.2亿元人民币，人均实际使用外资金额3520元，在10个城市中稳

居首位。截至 2023 年 12 月末，深圳本外币各项贷款余额 9.21 万亿元，同比增长 8.3%。2023 年年末，深圳制造业中长期贷款、普惠小微贷款余额同比分别增长 40.7%、22.4%，普惠小微贷款余额近 5 年年均增长 30.4%，贷款户数 123.41 万户，是 2018 年的 4 倍。深圳普惠贷款余额占全国的 5.8%，稳居全国大中城市首位；人均普惠型小微贷款余额 94997 元，稳居 10 个城市首位。在实现“量”的快速增长的同时，“质”的方面不断提升，深圳普惠贷款利率连续五年下降，较 2018 年下降 2.67 个百分点。[①] 杭州在资本要素方面展现出了显著的活力和创新性。2023 年，实际利用外资 88.3 亿美元，比上年增长 13.0%，总量在 10 个城市中排名第三，仅次于上海、北京，创历史新高；年末设立各类境外投资企业（机构）3411 家，比上年增长 13.6%。[②] 南京作为区域重要金融中心，资本要素发展呈现出资本市场活跃度增强、金融服务体系完善的特点。2023 年，南京全年实际使用外资 49.4 亿美元，比上年增长 1.9%；人均实际使用外资金额 3537.7 元（517.44 美元），在 10 个城市位

---

① 参见《2023 年深圳市银行业总资产达 13.38 万亿元》，载中国经济网，http://bgimg.ce.cn/xwzx/gnsz/gdxw/202401/31/t20240131_38888380.shtml，最后访问时间：2024 年 7 月 27 日。

② 参见《2023 年杭州市国民经济和社会发展统计公报》，载杭州市统计局网，https://tjj.hangzhou.gov.cn/art/2024/3/15/art_1229279682_4246532.html，最后访问时间：2024 年 7 月 27 日。

居第四位；人均普惠型小微贷款余额 85587 元，在 10 个城市中位居第二。

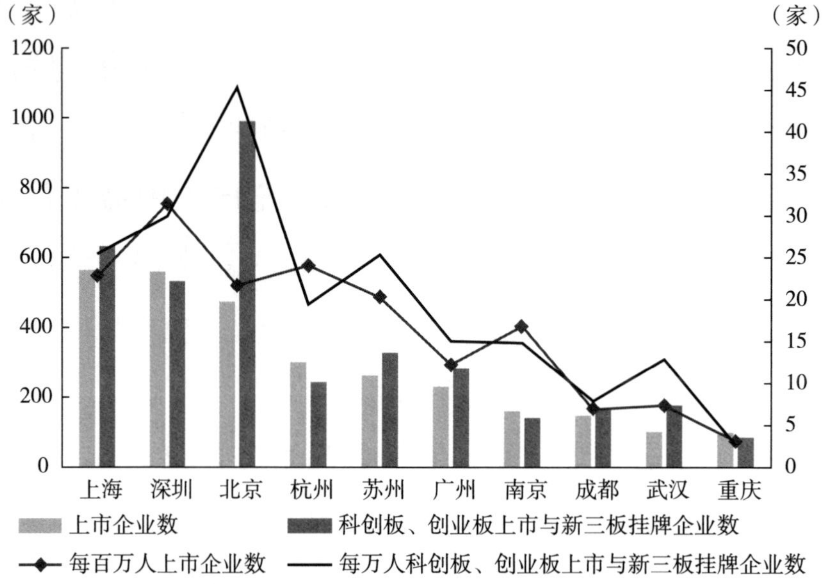

图 5　上市企业及科创板、创业板上市与新三板挂牌企业数情况

从技术要素来看，北京、深圳、上海以及广州等传统一线城市比较优势相对突出，在技术要素评估排名中包揽前 4 名的位置。从研发投入来看，北京、深圳、上海以及广州均保持较高水平（见图 6）。北京 R&D 经费投入强度（R&D 经费与地区生产总值之比）保持在 6%以上，基础研究经费占比 16%以上。2023 年深圳 R&D 经费达到 1880.5 亿元，其中企业研发投入占全社会研发投入比重达 94.9%，位居全国第一；R&D 经费占地区生产总值比重提升至 5.81%，4 年蝉联国家创新型城市全国第一，“深圳—香港—广州”科技创新集群连续 4 年排名全球第二。[①] 上海 R&D 经费与地区生产总值之比为 4.44%，科技投入水平稳步提高。从技术专利情况来看，2023 年北京专利授权量 19.4 万件，PCT 申请量 1.14 万件；每万人口发明专利拥有量 262.9 件，同比增长 20.43%；高价值发明专利 29.9 万件，每万人口高价值发明专利拥有量 136.95 件，稳居全国第一。深圳技术专利核心指标一直处于领先态势。2023 年，深圳国内专利授权 23.5 万件，居全国首位；PCT 国际专利申请量 15854 件，连续 20 年居全国大中城市首位；PCT 国际专利申请公开量 17161 件，在国际创新城市对比中排名第二。[②] 深圳作为科技创新的高地，通过实施更加积极、更加开放、更加有效的人才和创新政策，吸引了大量的科技研发人员，引进了一批战略科学家，目前各类人才超 679 万人，高层次人才 2.5 万人，留学回国人员超 20 万人。[③] 数据统计显示，深圳从事 R&D 活动的人员占常住人口比重为 2.62%，位居 10 个城市之首。

---

① 参见《2023 年深圳科技创新亮点多》，载《中国高新技术产业导报》2024 年 1 月 8 日，第 4 版。

② 参见《深圳市 2023 年知识产权白皮书》，载深圳市市场监督管理局网，http://amr.sz.gov.cn/xxgk/qt/ztlm/zscqcjybh/zscqbps/content/post_11262465.html，最后访问时间：2024 年 7 月 27 日。

③ 参见《深圳高新技术企业达 2.47 万家》，载《深圳特区报》2024 年 7 月 10 日，第 3 版。

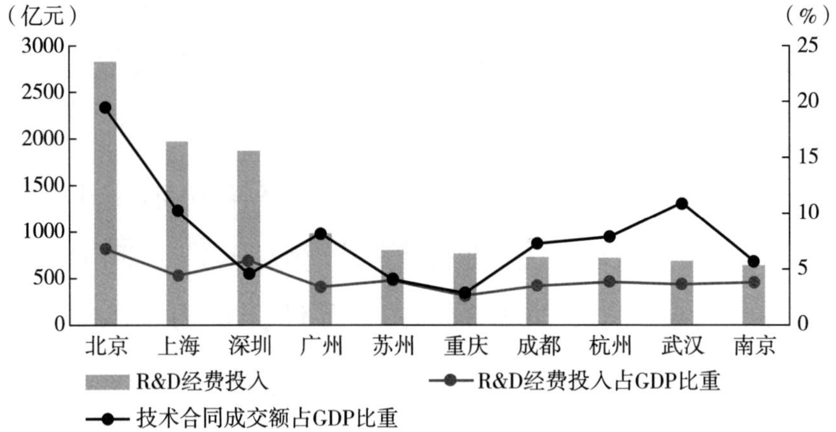

图6 科技投入与技术成果转化水平

从数字经济发展情况来看，杭州、深圳和南京表现较为突出，位列前三（见图7）。杭州被誉为“数字经济第一城”，数字经济在支撑杭州经济增长中扮演了重要角色。根据官方统计数据显示，2023 年杭州信息传输软件和信息技术服务业产值占 GDP 比重为 42.86%；以新产业、新业态、新模式为主要特征的“三新”经济增加值占 GDP 比重为 40.0%；数字经济核心产业增加值 5675 亿元，比上年增长 8.5%，占 GDP 的比重为 28.3%，遥遥领先于其他城市。2023 年，深圳数字经济核心产业增加值突破 1 万亿元，占 GDP 比重 26.4%。软件和信息技术服务业产值增长 21.4%，占 GDP 比重 11.26%，位列中国软件名城评估第一名。在促进数据要素流动方面，2023

年深圳数据交易所交易额 64.9 亿元，居全国第一。[①] 2023 年，南京软件和信息技术服务业规模超 8000 亿元，同比增长 9.5%，占 GDP 比重 43.81%，位居 10 个城市首位；数字经济核心产业增加值占 GDP 比重 16.5%；建成 5G 基站 3.8 万个，每万人拥有 5G 基站数 39.8 个，位居全国前列。

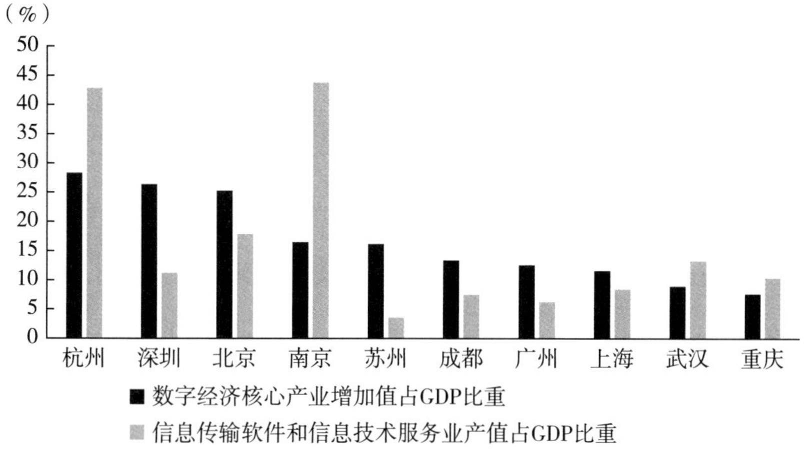

图 7　数字经济发展情况

从劳动力要素情况来看，广州、南京和杭州等南方城市劳动力总量、劳动力素质以及劳动力价格方面具有显著优势，在劳动力要素评估排名中分别位列第一、第二、第三。广州的劳动力要素情况呈现数量大、结构优、流动性强的特点，在 10 个城市中比较优势突出。广州是

① 参见《关于深圳市 2023 年国民经济和社会发展计划执行情况与 2024 年计划草案的报告》，载深圳市发改委网，http：//fgw. sz. gov. cn/fzgggz/jjxs/content/post_ 11148964. html，最后访问时间：2024 年 7 月 27 日。

传统一线城市中唯一保持人口自然增长的城市，2023 年人口自然增长率 3.72‰，就业率 59.48%，每万人在校生 960 人。根据《广州市公安局关于 2023 年广州市实有人口构成与分布情况的报告》，截至 2023 年 12 月 31 日，广州全市常住人口 1882.70 万人，实有人口共 2298.18 万人，其中户籍人口占比 46.05%，登记流动人口占比 53.03%。广州流动人口规模大、占比过半。青年人是登记流动人口的“绝对主力”，登记流动人口平均年龄 35.04 岁，18—39 周岁青年人占比近六成（58.69%），其中 18—29 周岁占比 32.21%，30—39 周岁占比 26.48%。广州高学历和高技能人才数量占比高，2023 年全市技能人才总量达 388.82 万人，高技能人才 140.63 万人，[①] 每万人新增高技能人才数 68 人，仅低于苏州，在 10 个城市排名第二位。南京则在劳动力素质水平方面独占鳌头。2023 年，南京高等教育毕业生数量高达 339894 人，占常住人口比重为 3.58%，在 10 个城市中占比最高；高技能人才总量达 55.14 万人，每万人新增高技能人才 43 人，在 10 个城市中排名第三，仅低于苏州和广州。根据第七次人口普查数据显示，南京大学文化程度人

① 参见《广州市人力资源和社会保障局 2023 年工作总结和 2024 年工作安排》，载广州市人民政府网，https://www.gz.gov.cn/zfjg/gzsrlzyhshbzj/zjgb/content/post_ 9583975.html，最后访问时间：2024 年 7 月 27 日。

口比重为35.23%，仅低于北京，在10个城市位居第二。

4. 流通体系：建网络、促流通、提质效

流通体系在国民经济中发挥着基础性作用。现代流通体系是国内统一大市场的重要组成部分，是资源配置的有效载体，也是从生产到消费各环节有效衔接的纽带与通道。构建内畅外联的现代流通网络，发展有序高效的现代流通市场，培育优质创新的现代流通企业，是搭建国内大循环基础骨架、建设现代流通体系的发展方向。评估结果显示，广州、武汉、上海、深圳、南京在构建流通体系方面表现相对突出，在流通体系的标杆评比中包揽前5名。北京则在培育优质创新现代流通企业方面表现优异，处于领头羊位置；成都和杭州在构建现代物流基础设施网络方面表现突出，分别位列第二、第三；重庆则在流通市场方面进入前三名。（见表8）

表8　中国城市畅通国内大循环机制要素资源评估排名

流通体系总排名	城市名称	分领域评估排名		
		流通网络	流通市场	流通企业
1	广州	7	**1**	6
2	武汉	**1**	**2**	**3**
3	上海	5	8	**1**
4	深圳	9	4	**5**
5	南京	4	9	**4**
6	北京	8	10	**2**
7	杭州	**3**	7	7

续表

流通体系总排名	城市名称	分领域评估排名		
		流通网络	流通市场	流通企业
8	重庆	6	**3**	8
9	成都	**2**	6	10
10	苏州	10	5	9

从流通网络情况来看，武汉、成都、杭州、南京以及上海在构建现代流通基础设施网络方面具有明显优势，在流通网络标杆评比中包揽前五位置。“国家物流枢纽”是辐射区域更广、集聚效应更强、服务功能更优、运行效率更高的综合性物流枢纽，在全国物流网络中发挥关键节点、重要平台和骨干枢纽的作用。武汉、成都、杭州以及上海均入选国家物流枢纽或节点城市、现代商贸流通体系试点城市，也是国家综合立体交通网主骨架城市。武汉是中部地区唯一获批 3 个以上国家物流枢纽的城市，交通优势明显，从武汉出发，乘坐高铁 4 小时可抵达全国 80% 的重要城市，阳逻国际港近洋航线直抵日韩、东南亚、俄罗斯，中欧班列辐射亚欧大陆 40 个国家 115 个城市。[①] 长江干线武汉至安庆段 6 米水深航道整治工程于 2024 年正式建成投用，实现了万吨级江海船舶常年直达武汉。[②] 高铁、港口、中欧班列和国际机场等多种

① 参见《武汉入列全国首批现代商贸流通体系试点》，载《武汉晚报》2024 年 6 月 14 日，第 2 版。

② 参见《智慧水运加快步伐》，载《经济日报》2024 年 7 月 17 日，第 6 版。

交通方式相互衔接，为商贸流通提供了强有力的支撑。

从流通市场情况来看，广州、武汉、重庆领跑第一方阵。2023 年，广州交通运输、仓储和邮政业增长率 12.2%，是 10 个城市中唯一增长破 10 的城市；客货运输能力突出，2023 年广州机场旅客吞吐量为 6317 万人次，单一机场全国排名第一；每万人旅客周转量 4072 万公里，每万人货运量 48 万吨，每万人快递业务量累计 608 件，以上指标数据均在 10 个城市中处于领先位置。2023 年武汉交通运输、仓储和邮政业固定资产投资增长率 2.3%，在 10 个城市排名位列第二位，仅次于广州；每万人农民专业合作社数 4.42 户，仅少于重庆，在 10 个城市排名位列第二位。重庆是全国唯一兼有水、陆、空、生产服务、商贸服务五种类型国家物流枢纽的承载城市，川渝省际通道达到 28 个，成渝双核、毗邻城市实现 1 小时直达，跨省公交达 22 条，“川渝通办”事项达到 19 项，交通一体化作为典型案例在全国推广。[①] 2023 年重庆全社会完成货运量 14.1 亿吨、同比增长 3.8%，每万人货物周转量达 42.22 万吨，稳居 10 个城市首位；客货运输主要指标持续保持增长态势，全社会完成客运量 3.1 亿人次、同比增长 47.8%；航空运输快速恢复，

① 参见《今年重庆这些重点交通项目将完工》，载《重庆日报》2024 年 2 月 1 日，第 3 版。

江北国际机场完成旅客吞吐量 4466 万人次，同比增长 106%，位居西部第二、全国第六。

从流通企业情况来看，上海、北京、武汉、南京和深圳在培育优质创新现代流通企业方面表现优异，在 10 个城市标杆评比中处于领跑位置，包揽前 5 名位置。连锁经营企业在国内大循环中承担着重要角色。数据统计显示，上海、北京、武汉、南京拥有批发和零售业、住宿和餐饮业连锁店总店数分别高达 28415 家、17706 家、12027 家、10400 家（见图 8）。上海领先优势明显，突破 2 万家，北京、武汉、南京总量均突破 1 万家。从人均拥有水平来看，上海每万人拥有批发和零售业、住宿和餐饮业连锁店数为 11.4 家，南京 10.9 家，武汉 8.7 家，北京为 8.1 家，远超其他城市。

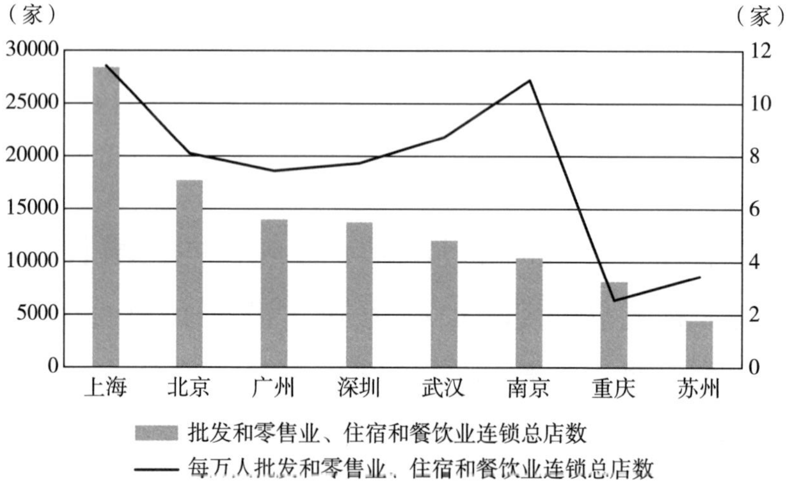

注：其中 2023 年成都、杭州数据缺失，在官方公开渠道无法获取，在评估时按缺失值处理。

图 8　批发和零售业、住宿和餐饮业连锁店总店数及人均拥有情况

物流是保障产业链供应链稳定的关键环节。国家标准A级物流企业是现代商贸物流企业的基本标志，5A级综合服务型物流企业代表物流行业最高水平。数据统计显示，截至目前，我国A级物流企业9995家，星级冷链物流企业203家，网络货运平台A级企业73家。[①] 上海拥有国家5A级物流企业30家，每百万人拥有5A级物流企业1.2家；北京拥有国家5A级物流企业31家，每百万人拥有5A级物流企业1.4家；武汉拥有国家5A级物流企业17家，每百万人拥有5A级物流企业1.2家。（见图9）

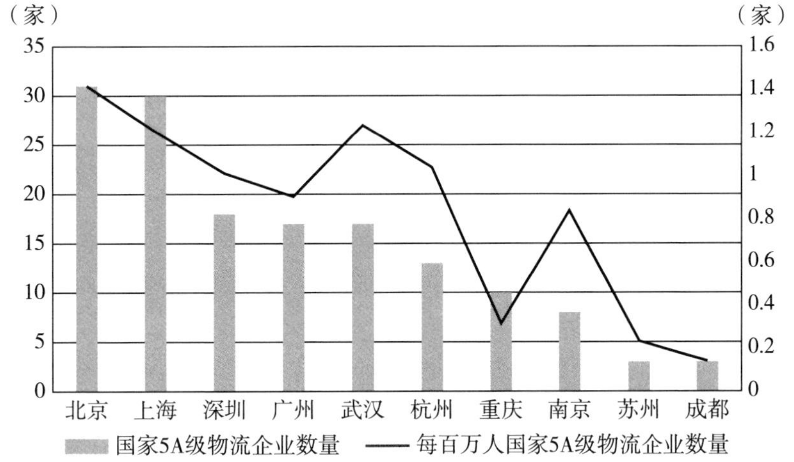

图9　5A级物流企业数量分布

① 参见《我国A级物流企业总数已近万家 物流行业蓬勃发展“枝繁叶茂”》，载央视网，https：//news.cctv.com/2024/04/28/ARTIO3Qcw4oGQEnKMENSKKmB240428.shtml，最后访问时间：2024年7月27日。

5. 治理体系：健制度、强法治、重营商

法治具有引领、规范和保障功能。完善畅通国内大循环的制度建设，促进市场公平竞争和经济健康运行，是畅通国内大循环、构建新发展格局的重要保障。评估结果显示，广州在治理体系方面排名第一，苏州、深圳紧随其后，北京、杭州也较为突出，在评比中包揽了前五名的位置。上海在营商环境建设方面进入前五；重庆在城乡协同发展的法规政策方面表现突出；南京的法规政策和营商环境得分都进入前三；武汉在促进流通体系建设方面出台了一系列政策规划；成都虽优势不显，但法规政策的供给方面进入前三，也有不少创新举措。（见表9）

表9 中国城市畅通国内大循环机制治理体系评估排名

治理体系	城市名称	分领域评估排名		
		法规政策	法治保障	营商环境
6	上海	7	6	5
4	北京	10	2	1
3	深圳	1	4	7
1	广州	1	5	2
7	重庆	6	8	8
2	苏州	3	1	4
10	成都	3	10	9
5	杭州	9	3	6
9	武汉	8	7	10
8	南京	3	9	3

从具体领域来看，在法规政策方面，深圳、广州并

列第一位，苏州、成都、南京并列第三位。广州通过完善政策支持来服务构建新发展格局，努力发展成为国内大循环的中心节点城市。围绕优化供给、扩大内需、要素配置和促进流通四方面，广州出台了全面的法规政策，其中包含促进民营经济和数字经济高质量发展的刚性规定，如《广州市支持民营经济发展条例》《广州市数字经济促进条例》，推动了经济发展转型升级和市场主体权益保障；在加强区域协同、促进要素流通方面，2023 年《广州市城市轨道交通管理条例》针对城市之间轨道交通互联互通进行规范管理，是广州与佛山协同立法的首次尝试。深圳不断完善畅通国内大循环的制度设计，治理体系得分排名第二。为推动经济发展稳中提质，深圳出台《关于促进民营经济做大做优做强的若干措施》《深圳市降低制造业企业成本的若干措施》《深圳市扶持个体工商户高质量发展若干措施》等政策措施，激发市场主体活力，并通过实施《深圳市促进绿色低碳产业高质量发展的若干措施》《深圳市促进新能源汽车和智能网联汽车产业高质量发展的若干措施》等举措加快发展新质生产力。苏州不仅出台法规政策促进民营经济发展、绿色工厂建设和未来产业发展，还积极开展多轮汽车、家电促消费活动，提振大宗消费，2023 年的《苏州市推进数字贸易加快发展若干措施》也为转型升级注入新动能。

南京在营商环境方面有较突出表现，特别是在创新生态建设上，出台人才强市“25条”和重点产业人才“7策”，制定深化科技体制综合改革实施方案，并大力推进科技人才评价改革试点。此外，重庆在城乡协同方面也出台了多项法规政策，如2022年《重庆市乡村振兴促进条例》和2023年《重庆市推进以区县城为重要载体的城镇化建设实施方案》。成都、重庆也以顶层设计为引领，推动区域协同发展、促进双城经济圈建设，如2021年《成渝地区双城经济圈建设规划纲要》、2023年《重庆市推动成渝地区双城经济圈建设行动方案（2023—2027年)》。武汉在法治保障方面也有亮点，作为中部地区唯一获批三个以上国家物流枢纽的城市，武汉积极出台政策措施，推动物流基础设施建设和物流业高质量发展。

在法治保障方面，苏州、北京、杭州、深圳、广州排名前五。作为长三角经济规模第二大城市，苏州的法治保障表现突出，在10个城市中排名首位，得益于当地对维护市场公平竞争环境、强化知识产权全链条保护工作的重视。在《苏州市科技创新促进条例》的保障下，苏州在全国率先建成知识产权国际服务平台，并获评首批国家知识产权保护示范区建设城市。杭州在法治保障方面排在第二，当地政府近年来加大对芯片制造、量子通信等涉新质生产力关键核心技术保护力度，并严格知识产权司法保护，出台加强知识产权检察“八条意见”，服务创新驱动发展。北京积极维护公平竞争市场环境，发布《北京市 2023 年清理妨碍统一市场和公平竞争政策措施工作方案》，清理了一批妨碍统一市场和公平竞争的政策措施。深圳的执法规范性和司法透明性都较为领先，妨碍统一市场和公平竞争政策措施清理工作取得明显成效。目前，深圳综合改革试点首批 40 条授权事项全面落地。广州执法部门、法院、检察院也都有一系列保护民营企业合法权益、推进涉案企业合规改革的举措，不仅出台司法保障民营经济发展壮大的 18 条措施，还提出 30 条规范经营、风险管理建议，帮助市场主体提振信心、规避风险、健康发展。

在营商环境方面，北京、广州、南京、苏州、上海排名前五。北京在营商环境方面名列第一。北京近年来不断推进京津冀在就业、社保、税务等领域推出更多办事流程统一的“跨省通办”政务服务事项，共同打造区域一流营商环境。作为首批国家营商环境创新试点城市，广州在营商环境上排名第二，得益于当地政府树立“产业友好型”理念，通过创新型改革举措回应企业用地、用工、融资、用能等需求，推动资源要素按照产业导向配置，不断打造招商引资“金字招牌”。南京、苏州、上海作为长三角城市，近年来对标国际一流持续优化营商环境，勇当全国统一大市场建设的开路先锋。自长三角一体化发展上升为国家战略以来，沪苏浙皖市场监管部门5年间共同签署实施合作协议36项、发布政策文件19项，合作事项从9项增加到今年的58项，市场监管一体化机制越来越完善。①

① 参见《长三角地区完善市场监管服务》，载《经济日报》2024年7月20日，第7版。

第四章　畅通国内大循环的生动实践

畅通国内大循环是一个动态的系统工程，既不能中央事无巨细全管死，也不能地方各行其是各顾各，而是必须在国家顶层政策的框架内，充分发挥各地积极性，因地制宜、因城施策，将国家决策转化为地方政策，做好畅通国内大循环的政策衔接和创新举措，使局部和全局协调起来、政策和实践联动起来，将政策优势转化为发展效能，不断解决国内大循环过程中的堵点和断点，更好畅通国民经济循环，促进高质量发展。

一、优化供给体系

生产是国民经济循环的起点，优化供给体系是提升供给对国内需求的适配性，满足日益升级的国内市场的客观需要，更是疏通国内大循环堵点的关键任务。党中央、国务院就推进供给侧结构性改革、降低实体经济企业成本进行了一系列决策部署，国家部门就农业、工业、交通运输、金融等各领域深化供给侧结构性改革也出台了具体政策措施。

（一）做好政策衔接

在壮大供给主体方面，2023 年 8 月 2 日，广州出台《广州市促进民营经济发展壮大的若干措施》，强调要全面打造亲清新型政商关系，建立“无事不扰、有求必应”的企业服务工作机制。

在优化供给结构方面，北京于 2023 年 2 月 7 日出台《北京市推动先进制造业和现代服务业深度融合发展的实施意见》，高度重视优化供给结构，促进产业转型升级，提出“促进现代物流和制造业高效融合，引导大型流通企业向供应链集成服务商转型，提供专业化、一体化的供应链管理服务”。

在提升供给水平方面，2022 年 12 月 21 日，深圳发布《深圳市促进绿色低碳产业高质量发展的若干措施》，高度重视提升绿色低碳产业市场竞争力，作出“推动标准、认证、计量与国际接轨，支持企业面向国内外市场绿色低碳发展需求，开展大湾区碳足迹标识认证工作，制定国家碳计量检定规程或技术规范，按相关规定给予奖励”等具体政策设计。2023 年 9 月 28 日，苏州发布《苏州市绿色工厂建设实施方案（试行）》，创新性地以 5 个等级评价工厂绿色制造程度，加强对各级绿色工厂事中事后监管，推动形成绿色发展长效激励约束机制。

（二）实施创新举措

1. 扩大供给主体规模

企业是国民经济的基本单位和市场经济的核心，促进企业发展是提升供给效能的重点所在。2023 年，广州、深圳新增市场主体数分别为 54 万和 56.5 万个，增长率高达 26% 以上。

现金流是中小企业的生命线，拖欠账款问题是民营中小企业发展的痛点。2023 年，河南在审计中发现，地方政府和国企等新增拖欠民营企业中小企业账款 95.63 亿元。为解决企业账款存在的“连环欠”等问题，北京部署开展防范化解拖欠中小企业账款专项行动，重点解决政府拖欠问题，优先清偿中小企业账款，国有和大型企业带头，实现企业之间“连还清”，截至 2022 年 12 月累计清欠清偿超9000亿元。[①]

激发民营经济发展活力和内生动力，让民营经济创新源泉充分涌流，是实现供给侧与需求侧有效衔接、动态匹配的关键。[②] 面对民营企业力量薄弱，单凭自己无法开拓更大市场的情况，武汉支持行业协会（商会）和平台企业搭建起跨产业、跨行业的供需对接机制与合作平台和高品质的会展平台，帮助企业利用国内外各种展会活动开拓市场；还主动为民营企业降本减负，2023年推出134项"一件事一次办"主题事项，完成28个行业领域"一业一证"改革。这些举措增强了民营企业活力，目前国家级专精特新"小巨人"企业中民营企业占比为74%，省级专精特新中小企业中民营企业占比81%，创新型中小企业中的民营企业占比高达90%。[③]

2. 推动传统产业升级

加快科技自立自强，是确保国内大循环畅通、塑造我国在国际大循环中新优势的关键。作为全球科创关键枢纽和国家的创新领头雁，北京以国家实验室为引领，一方面，推进和保障国家实验室高质量运行，优化重组

① 参见《纾困解难！助力企业渡过难关 市经济和信息化局召开减轻企业负担政策线上宣贯会》，载北京市经济和信息化局网，https：//www. beijing. gov. cn/ywdt/gzdt/202212/t20221212_2877968. html，最后访问时间：2024年7月24日。

② 参见齐义军：《民营经济助力畅通国内大循环》，载《光明日报》2020年8月11日，第11版。

③ 参见李嘉：《武汉民企已成科技创新的重要主体》，载《中国经济导报》2024年6月25日，第4版。

国家重点实验室，并制定出台《北京市重点实验室认定与管理办法（试行）》；另一方面，对新型研发机构进行阶段性评估，出台《北京市支持世界一流新型研发机构高质量发展实施办法》，为新型研发机构的发展提供政策支持和引导。截至2023年年末，北京共有全国重点实验室77家，占全国的28.1%；国家级科技企业孵化器71家、国家备案众创空间145家；超大规模智能模型“悟道3.0”在语言、视觉多模态上取得突破；涌现出新一代量子计算云平台“夸父”、新一代256核区块链专用加速芯片、首个精通3D任务的具身通才智能体“狮子座”等突出创新成果。成都针对科技成果转化供需双方衔接进行探索，实施科技成果转化“一号工程”，建立全市成果转化联席会议制度，组建18支驻校（院）经纪人队伍，成立成都市技术转移联盟。此外，成都科创生态岛的高质量建设也取得突出成果，导入科创服务机构70余家，引进盛知华、科易网等10家知名技术转移机构，提供知识产权、科技金融等近100项服务事项。

促进产业链、供应链上下游有效衔接。产业链上下游流通不畅是各地在国内大循环中的一大堵点，特别是集成电路等创新要素密集的中间商品依赖外国进口程度较高。面对这一问题，各地纷纷采取有效行动。广州开展产业链供需对接系列活动，推动“链主”企业与“链上企业”开展供需对接、适配采购、场景应用。重庆实施重点产业链高质量发展行动和招大引强行动，“一链一策”建设33条重点产业链，推动数字产业补链成群。苏州聚焦安全自主可控，开展产业链安全风险评估，在重点产业领域培育引进一批高水平“补链、强链、固链、延链”项目。

提升供需适配度。目前我国生产性服务业占GDP比重不到20%，供给还无法充分满足消费升级和产业转型需要。苏州从深化制造业服务化转型出发，大力推广定制化服务、总集成总承包、共享制造、全生命周期管理等服务型制造新模式，培育一批服务型制造龙头企业、示范企业，2023年全年实现生产性服务业增加值7491.95亿元，同比增长9.0%。

3. 完善标准建设，提高供给水平

截至2022年年底，中国主导制定的ISO、IEC国际标准达1337项，但在2万多个国际标准中还是分量不足。国内新技术成果不断涌现，标准建设并未完全赶上。在智慧城市标准体系框架下，北京开展政务云、京办、京通、京智等共性基础平台及政务数据溯源、数据质量评估等标准规范研究制定，推进一批数字孪生、区块链等核心技术标准制定。广州积极推进标准化战略，2023年广州市企业事业单位主导或参与制修订国际标准18

项、国家标准 689 项、行业标准 312 项，新增发布地方标准 44 项，新增国家级标准化试点 5 个，并推动“品筑番禺，质惠民生”项目入选广东省全域标准化试点。

二、扩大国内需求

当前中国经济面临的外部环境具有很大不确定性。我国拥有全世界最大的内需市场，推动高质量发展更加需要充分依靠内需这一战略基点。2022 年 12 月中共中央、国务院发布的《扩大内需战略规划纲要（2022—2035 年）》、2023 年 7 月国家发展改革委发布的《关于恢复和扩大消费的措施》等政策文件，对扩大内需举措提出了新的要求。

（一）做好政策衔接

在激发消费潜能方面，2023 年 4 月 18 日，北京发布《加快恢复和扩大消费持续发力北京国际消费中心城市建设 2023 年行动方案》，通过加大对时尚品牌首店、旗舰店、创新概念店以及新品发布活动支持力度，加快打造时尚消费新高地。2023 年 3 月 21 日，上海发布《关于我市进一步促进和扩大消费的若干措施》，提出利用本地旅游、会展、电商以及数字技术等优势资源，发展壮大新型消费和推动服务消费扩容升级；搭建长三角促消费平台，支持首发经济提质升级，吸引国际品牌和引领性本土品牌。2023 年 11 月 27 日，重庆发布《关于恢复和扩大消费的若干措施》，重点强调建立县域商业体系，支持县域政府通过全域土地综合整治建设基础消费设施项目。2024 年 3 月 30 日，广州出台《进一步优化支付服务提升支付便利性若干措施》，充分考虑到了粤港澳大湾区的人员流动，聚焦老年人、入境人员等特殊群体，完善“大额刷卡、小额扫码、现金兜底”多元化支付服务体系，通过优化支付服务来改善消费便利度和体验感，提升大湾区内公众的消费意愿。

在扩大有效投资方面，2023 年 11 月 24 日，广州发布《进一步促进民间投资高质量发展若干政策措施》，坚持全面开放原则，建立市场干预行为负面清单，严格落实“非禁即入”，并及时协调解决民间投资遇到的市场准入隐性壁垒、招投标不公正待遇等重点问题，体现对营造良好民间投资环境的重视。在就业和社会保障方面，2022 年 12 月 13 日，上海发布《激发重点群体活力带动城乡居民增收实施方案》，强调积极推动就业促进，从提升就业岗位创造能力、加强就业帮扶、加强公共就业服务、加强劳动用工监管四方面出发，以提升就业服务效能带动居民增收。

（二）实施创新举措

围绕党中央关于着力扩大国内需求的战略部署，各地持续发力，实施一系列促消费、稳投资政策举措，推动内需潜力加快释放。

1. 全方位激发消费潜能

消费是最终需求，是畅通国内大循环的关键环节和重要引擎。要建立和完善扩大居民消费的长效机制，使居民有稳定收入能消费、没有后顾之忧敢消费、消费环境优获得感强愿消费。鼓励消费，既要强调“稳”有预期，又要注重“进”有动能。

更好刺激消费需求。随着数字技术的飞速发展和居民生活水平的提升，居民消费不断升级，地方政策面临着消费刺激的精准度和力度不足的问题。成都围绕自身特色创新消费场景，打造川酿佳肴消费场景、今夜无眠消费场景、熊猫家园消费场景等特色消费新场景，大幅提升了居民消费体验。针对扫码消费中强制关注、夹杂广告、操作繁琐等问题，北京市劝导相关经营者，不得强制消费者关注公众号或使用手机 App、小程序进行自助点餐或购物、缴费，以提升消费者的体验感。

营造良好消费环境，让消费者敢消费、愿消费、乐享消费。层出不穷的消费模式，尤其是网络消费，使消费者权益更容易遭到侵害。广州实施“直播+监管”模式，搭建放心消费承诺体系，引导各类经营者参加“双承诺”活动，2023年全年累计新增“放心消费承诺单位”1299家，“线下无理由退货承诺店”456家。北京进一步畅通网络消费纠纷解决渠道，与市民服务热线中心合作，建立“诉求即办直通车”机制。

缩小城乡收入差距，壮大消费基础。城乡在劳动力报酬、交通、基础设施等方面的差距，拉大了城乡居民的消费能力差距。以重庆为例，2023年城市人均消费为31531元，农村人均消费仅为17964元。但是，县乡消费具有巨大的发展前景，也是推动城乡融合的重要一环。重庆在全市范围启动县域商业三年行动计划，加快补齐农村商业设施短板，进行乡镇商贸中心改造提升，同时优化布局农贸市场、文化广场等商贸基础建设。2023年，重庆全市乡村实现零售额2279.12亿元，增长13.1%，增速高于城镇5.2个百分点。

2. 多措并举扩大有效投资

扩大有效益的投资，才能形成消费和投资相互促进的良性循环。有效投资的重点就是要求有效率、有回报，不能不忙活，也不能白忙活。广州为各区和各行业领域制定投资增长目标，印发工作方案，确保目标落实。广州各区、各行业按月通报投资完成情况，切实加大投资监测和调度力度，并通过开展项目评审，优化和完善“广州市投资项目信息化平台”的在线调度功能，提升投资管理的信息化水平。

强化释放民间投资活力，鼓励和吸引更多民间资本参与国家重大工程、重点产业链供应链项目建设。北京市发展和改革委员会牵头建立了面向民间资本推介重点领域项目的长效机制，公布 2023 年面向民间资本推介的 57 个重点项目。2024 年 1 月至 4 月，北京民间投资占全部投资比重的 29.2%，较 2023 年年底提升 5.8 个百分点。

优化民间投资环境。广州打造了集项目推介、用地供应、产业地图、配套政策、诉求反映和问题解决等功能于一体的民间投资智能服务平台，通过与政务平台联动，提供一站式服务，强化对民间投资的全方位支持。

3. 促进就业创业

就业是最大的民生。上海加强就业帮扶，切实做好高校毕业生就业工作，完善就业服务，拓展就业领域；强化对困难群体的就业援助，健全相关政策，积极落实残疾人劳动所得税收减免，以及重点群体和退役士兵就业限额减征等税收优惠。2023 年，上海全年城镇新增就业岗位 60.56 万个，全年帮助就业困难人员实现就业 66686 人，新消除零就业家庭 57 户；全年创业帮扶 15176

户，帮助12314名长期失业青年实现就业创业。

三、优化要素资源配置

要素资源的畅通流动和优化配置在国内大循环机制中扮演着至关重要的角色。只有促进各种资源要素在更大范围内流通，才能利用我国超大规模市场的优势，深度释放市场潜力。

（一）做好政策衔接

在土地要素方面，2024年3月11日，杭州发布《关于进一步加强规划资源要素保障推动经济高质量发展的通知》，强调加强自然资源要素支撑，提出坚持“指标跟着项目走”，符合条件项目争取全部纳入国家用地保障范围；创造性提出全面开展重大项目“空间适配”和“多评合一”来优化用地报批服务，推动用地报批服务提质增效。深圳《工业及其他产业用地供应管理办法》立足本地战略产业发展需要，对新一代信息技术、高端装备制造、绿色低碳、生物医药、数字经济、新材料、海洋经济等战略性新兴产业、生产性现代服务业及优势传统产业项目的用地供应予以政策支持，解决新增产业空间需求，把有限的土地资源用在刀刃上。

在资本要素方面，2023 年 7 月 24 日，北京发布《北京市贯彻落实加快建设全国统一大市场意见的实施方案》，强调深化资本市场全要素全链条改革，提出加强北京股权交易中心和全国性证券市场板块间合作衔接，积极争取打通系统间股权登记、后台转板通道，探索场内场外登记结算、基础设施互联互通。在劳动力要素方面，2023 年 9 月 7 日，上海发布《上海市人力资源服务业创新发展行动方案（2023—2025 年）》，强调利用数字技术搭建人力资源公共服务平台，推出人力资源服务“一码通”，逐步建立健全公共人力资源服务目录和优质人力资源机构目录，持续完善人社政策和产业政策清单。

（二）实施创新举措

市场机制是资源配置的决定性力量，优化资源要素的市场化配置，是推动经济高质量发展的重要途径。

1. 优化土地资源配置

现代产业的发展不断扩大产业用地规模和需求。但近年来房地产经济并不景气，城市烂尾楼现象频发。上海开展全域土地综合整治试点，强化土地高质量利用，依托市公共资源交易平台，建立城乡建设用地增减挂钩结余指标。同时，上海在全市范围开展产业用地“两评估、一清单、一盘活”专项行动，“两评估”指产业用地综合绩效评估和综合价值评估，“一清单”指产业用地四类绩效用地清单，“一盘活”指产业用地的盘活路径和具体实施。

2. 畅通劳动力流动

随着科技和产业的不断发展，城市对人才的需求量不断扩大。苏州建立产业高峰人才评价标准，建立海内外高层次人才分类目录清单，深化人才评价体制机制改革，同时在人才评定标准上赋予企业更大自主权。2023年，苏州新增高技能人才10.2万人，数字人才6万人，全市技能人才占就业人口总量比例超32%，高技能人才占技能人才比例达38%。

3. 大力发展数字经济

数字经济发展速度之快、辐射范围之广、影响程度之深前所未有，正在成为重组全球要素资源、重塑全球经济结构、改变全球竞争格局的关键力量。深圳市政府及各区政府高度重视数字经济产业的发展，通过提供资金支持、引进和培养人才、优化产业布局、加强基础设施建设、推动技术创新和加强国际合作等一系列措施，推动了数字经济产业的快速发展和产业升级。2018—2022年，深圳的算力规模位居全国前三，2023年深圳数字经济核心产业增加值突破1.0万亿元，共有5G基站数量 75000 个。[①]

四、提升流通体系

流通是生产和消费的桥梁纽带。加强流通体系建设，能够更好引导生产、调节分配、促进消费，使商流、物流、信息流、资金流实现高效顺畅流动。[②]

（一）做好政策衔接

在交通网络方面，南京于 2022 年 8 月 14 日发布《关于打造南京国际性综合交通枢纽加快建设交通运输现代化示范区的实施意见》，重视完善城乡一体的综合交通网络，提出推动“四好农村路”高质量发展，推动县乡公路提档升级，深化“农村公路 +”发展模式，打造“一县一品牌、一区一特色”全国农村公路特色品牌；强调全方位融入长江经济带、长三角区域一体化发展，利用禄口机场提升航空枢纽国际竞争力，利用江河资源优势建设江海转运海港枢纽。北京也在《推动先进制造业

① 参见《2024 年深圳市人民政府工作报告》，载深圳市人民政府办公厅网，https://www.sz.gov.cn/gkmlpt/content/11/11142/post_11142744.html#733，最后访问时间：2024 年 7 月 24 日。

② 参见颜少君：《建设高效顺畅的现代流通体系》，载《经济日报》2023 年 8 月 2 日，第 10 版。

和现代服务业深度融合发展的实施意见》中提出，立足于首都都市圈和京津冀一体化，推动“通勤圈”“功能圈”“产业圈”梯次布局，实现协调联动。

在物流体系方面，苏州于2022年12月29日发布的《现代物流高质量发展三年行动计划（2023—2025年）》强调打造多维高效物流通道，提出加快建设一流现代化港口，进一步发挥苏州港管理委员会职能，统筹协调全市沿江港口建设运营和服务。广州于2021年3月15日发布《精准支持现代物流高质量发展的若干措施》，强调构建国际物流中心，一靠临海港、河网密布，二靠临港澳等优势，依托白云空港、南沙海港、广州铁路枢纽，发展多式联运，有效推动交通流产业深度融合。

（二）实施创新举措

高效顺畅的流通体系是建设现代化产业体系的重要内容。

1. 完善交通网络建设

现代产业发展与交通效率直接挂钩。深圳推动交通与产业深度融合，开展20大先进制造业园区交通基础设施与运输服务综合提升，加快实现制造业园区“15分钟上高快速路、20分钟抵达对外物流枢纽、具备轨道交通站点服务”。广州大力解决城市内部断头路以及常年拥堵路段改造，2022 年完成 11 个断头路瓶颈路贯通工程。

构筑对外开放交通网络，推动跨市跨省交通一体化也是各地工作的重要内容。南京积极联动上海、杭州、合肥共建长三角国际性综合交通枢纽集群，打造“轨道上的都市圈”。广州打造“十向四联一环两纵三横”对外交通网络，2023 年白云站建成投用，广汕高铁开通运营，粤东地区加速融入大湾区“一小时交通圈”，建成广州从化至黄埔高速一期，交通运输网络更加完善。

2. 提高物流效率

目前我国物流成本仍然较高，2023 年社会物流总费用为 18.2 万亿，与 GDP 的比率为 14.4%，远高于西方发达国家 8%—10% 的水平。深圳推进海陆空铁多式联运，加快建设平湖南国际综合物流枢纽等项目，积极发展智慧物流、地铁物流、低空物流等新型城市物流，集约建设高标仓、智慧仓等现代仓储设施。南京发挥江海转运、公铁水联运优势，建设低成本高效率的智慧物流体系，打造区域性航运物流中心，推动物流建设提质增效。

五、强化治理体系

治理体系是畅通国内大循环机制的制度保障，主要涉及优化营商环境和产权保护。《优化营商环境条例》《扩大内需战略规划纲要（2022—2035 年)》等均强调要优化营商环境激发市场活力，加强产权保护和激励。

（一）做好政策衔接

营商环境优化是畅通国内大循环的重中之重。广州市历来重视优化营商环境，组建广州市全面优化营商环境领导小组，持续加快营造产业友好型、企业友好型、企业家友好型营商环境，全力建设全国产业生态最好、政务服务最优、综合成本最低的营商环境高地，助力企业“降本增效”。2024 年 6 月 5 日，广州发布《广州市推进粤港澳大湾区国际一流营商环境建设三年行动方案(2024—2026 年)》，实施更多创造型、引领型改革，推动建设国际一流营商环境标杆城市，聚焦营造企业公平竞争发展生态、优化产业发展要素资源配置、完善智慧高效政务服务体系、加强经营主体合法权益保护、打造合作共赢对外开放高地和持续激发区域改革创新活力。近年来，广州滚动推进、迭代实施营商环境改革，对标各项评估评价，坚持以评促改、以评促优，营商环境优化提升取得显著成效。

2024 年 6 月 21 日，深圳发布《2024 年优化市场化营商环境工作方案》，强调维护公平竞争的市场秩序，提出试行公平竞争集中审查，在前海合作区探索建立公平竞争集中审查制度，从而进一步加强政策制定的公平竞争审查。

（二）实施创新举措

强化治理体系，优化营商环境的关键，在于将政策优势和制度优势转化为治理效能，切实以治理促发展。

打破壁垒，鼓励企业公平竞争。2023 年，全国各地针对突出问题开展妨碍统一市场和公平竞争政策措施清理工作。北京全年的清理工作共涉及 57 个市级单位和 16 个区，全市共梳理文件 21393 件，废止 19 件，修改 15 件。上海严格落实“全国一张清单”管理要求，建立违背市场准入负面清单案例通报和归集制度，同时出台公平竞争审查制度程序规定，建立起公平竞争政策与产业政策协调保障机制。

协同监管，消除隐形壁垒。上海建立了综合监管部门和行业监管部门联动的工作机制。2023 年 3 月，全国首个国家市场监管实战实训基地在北京挂牌，同时建设全国市场监管数字化试验区，推动监管业务数据全量汇聚、高效共享、业务协同，实现市场准入、事中监管、执法办案、接诉即办等业务多级联动和智慧决策。

做好要素保障这一市场主体关心的重要问题。广州将要素环境纳入改革，明确营造适应产业需求的要素环境，重点瞄准企业特别是制造业企业在用地、用工、融资、用能等方面的迫切需求。[①]

强化产权保护这一重中之重。北京提出行业联动，在行业内建立起科学、规范、透明的知识产权保护自律机制和惩戒机制。同时，北京要求司法机关坚持以有利于促进创新、有利于公平竞争、有利于文化创意产业持续发展为指引，积极回应新技术、新产业、新商业模式发展对知识产权司法保护的新需求。

① 参见李一陵：《以更积极姿态优化营商环境》，载《法治日报》2023 年 8 月 14 日，第 1 版。

第五章　存在问题与初步建议

构建新发展格局是我国立足实现第二个百年奋斗目标、统筹发展和安全作出的战略决策，是贯彻新发展理念、推动高质量发展的战略举措，是把握发展主动权的战略部署。畅通国内大循环是提升我国经济发展水平、塑造我国国际经济合作与竞争新优势的战略抉择，在构建新发展格局中居于主体地位、发挥主导作用。近年来，我国在畅通国内大循环的体制机制构建、基础设施建设、要素流通利用、市场供给优化、不断扩大内需等方面走出坚定步伐，取得积极效果，但也仍然有许多需要进一步解决的问题。

一、畅通国民经济循环的时与势

畅通国民经济循环，是党的二十届三中全会明确提出的要求。中国经济总体上基础稳、韧性强、潜能大，但也面临着“外需下滑和内需不足碰头，周期性和结构性问题并存”的突出问题。[①] 认清中国经济发展面临的复杂形势，科学疏通国民经济运行存在的堵点，增强国内大循环内生动力和可靠性，才能畅通国内大循环，形成需求牵引供给、供给创造需求的更高水平动态平衡，从而更好应对外部环境变化，实现高质量发展。

一是国际循环动能明显弱化，中国经济发展的外部不确定不稳定因素增多。第一，全球经济持续低位运行，呈现滞胀格局。近年来，地缘政治冲突久拖不决甚至升级，不仅影响能源市场，还打击全球投资和消费信心。发达经济体经济走势也不容乐观，工业生产状态低迷。世界银行于 2023 年 3 月发布的报告指出，全球经济的“速度极限”，即不引发通胀情况下的最高长期增速，可能在 2030 年前跌至 30 年来最低水平，[②] 全球经济前景可能进一步恶化。第二，逆全球化思潮抬头，贸易保护和单边主义上升，中美贸易摩擦加剧。美西方国家采取“小院高墙”、脱钩断链等政策，对华的打压遏制随时可

① 参见李强：《政府工作报告——二〇二四年三月五日在第十四届全国人民代表大会第二次会议上》，载《人民日报》2024 年 3 月 13 日，第 1 版。

② 参见《全球经济的“速度极限”可能降至三十年最低水平》，载世界银行集团网，https：//www. shihang. org/zh/news/press-release/2023/03/27/global-economy-s-speed-limit-set-to-fall-to-three-decade-low，最后访问时间：2024 年 7 月 22 日。

能升级。美国试图在全球贸易中“去中国化”，组建技术联盟，频繁推出不正当产业政策，降低全球经济运行效率。2016 年以来，中资企业受美国出口管制清单制裁的数量逐年递增，被列入实体清单的企业已由 2016 年的 146 家发展至 2022 年 3 月 31 日的 483 家。[①] 第三，全球市场萎缩，中国面临的外需下行压力增大，吸引外资规模波动。中国在美国商品进口总额中所占的份额大幅下降，墨西哥 20 多年来首次超过中国，成为美国进口商品的最大来源国。[②] 中国长期以来形成的经济外循环模式遇到新的困难情况，吸引外资的传统劳动力优势弱化，一些外企开始将产业链转移出中国。第四，全球债务风险持续攀升，对金融市场稳定造成威胁。美欧银行业危机引发金融市场动荡，非银行金融中介机构脆弱性显现。美联储持续加息，增加企业融资成本，降低企业盈利能力，导致全球股票市场波动，新兴市场企业现金流动性缓冲受到侵蚀，债务违约甚至破产的风险加剧。2023 年 10 月，国际货币基金组织发布的《全球金融稳定报告》指出，2023 年全球商业房地产价格按实际水平计算下跌了 12%，其中美国和欧洲写字楼价格的跌幅最大，中国

① 参见王燕、李菁：《美国出口管制清单制度对中国的影响及应对》，载《经贸法律评论》2022 年第 5 期。

② 参见《搭上近岸外包顺风车，墨西哥成投资热土》，载《新华每日电讯》2024 年 7 月 26 日，第 8 版。

的房地产市场下滑势头仍未有效遏制。[①] 第五，多国政权交接风险加剧全球经济发展不稳定性。2024 年是世界历史上前所未有的“超级大选年”，全年预计有 78 个国家和地区举行总计 83 场全民性参与的选举，涉及人口数量达 42 亿人，占全球人口的 60%。[②] 选举过后的国家或地区的发展道路面临重新选择或调整，增加国际经贸合作的不稳定性。

二是国内市场大而未强，转型升级亟须破局。第一，国内产业转型步入关键期，产业结构仍需焕新升级。中国传统产业技术革新水平有待提高，数字化驱动产业转型升级的动能不强。中国传统产业体量大，在制造业中占比超过 80%，[③] 产业总体上仍处于国际产业链、价值链的中低端，行业供给存在相对优势，但高端领域仍存较大不足。面对原材料价格上涨、海外需求疲软、产量高而附加值低等现实问题，如何激发产业发展的内生动力已成为亟待解决的问题。第二，高端产业对外依存度高，脱钩断链风险大。芯片设备、高端科学仪器、核心工业

① 参见《〈全球金融稳定报告〉：最后一里路：金融脆弱性和风险（执行摘要）》，载国际货币基金组织网，https：//www. imf. org/zh/Publications/GFSR/Issues/2024/04/16/global-financial-stability-report-april－2024，最后访问时间：2024 年 7 月 27 日。

② 参见《Y 型路口上的世界——2024 年人大重阳宏观形势年度报告》，载人大重阳网，http：//rdcy. ruc. edu. cn/zw/qsyj/dsjhgxslt2024/ztlbhgxs/bc643fbeda074f6fbf9a0c06448b46de. htm，最后访问时间：2024 年 7 月 22 日。

③ 参见《制造业强起来步伐持续加快》，载《光明日报》2024 年 2 月 22 日，第 15 版。

软件、高端医疗器械等领域部分依赖进口。第三，国内市场预期趋好，但仍然较弱。一方面，市场主体预期不稳，创新创业积极性有所降低；另一方面，民众消费意愿依然不高。目前，中国居民消费在 GDP 中所占比重约 38%，与美国约 70%、日本约 65% 的水平相比明显偏低。[①] 第四，构建全国统一大市场的藩篱尚未完全破除。地方保护和行政性垄断造成市场分割，阻碍商品和要素自由流动和市场化配置。目前中国各区域市场监管规则的规范化、标准化仍待提升，跨区域的监管执行与程序体系仍未完善。[②]

三是经济发展不平衡，成为困扰中国国民经济健康发展的突出社会问题。第一，贫富差距问题得到了一定程度地改善，但依然存在。收入分配不平等问题制约了低收入群体消费需求的释放。第二，城乡发展不平衡问题较为突出。2023 年城乡居民人均可支配收入比值为 2. 39,[③] 农村居民消费水平和消费结构较城镇居民仍存在差距。2013 年以来，我国农村消费市场增长总体快于城市消费市场，包含镇区和乡村的县乡消费品零售额年均

① 参见刘俏：《从五大关键指标看中国式现代化目标、方向和路径》，载北京大学光华管理学院网，https：//www. gsm. pku. edu. cn/info/1740/28917. htm，最后访问时间：2024 年 7 月 26 日。

② 参见李长安：《建设全国统一大市场：背景，深意与挑战》，载《人民论坛》2022 年第 18 期。

③ 参见《中华人民共和国 2023 年国民经济和社会发展统计公报》，载《人民日报》2024 年 3 月 1 日，第 10 版。

增长10%，比城市消费增速快近2个百分点，从7万亿元扩大到2022年的16.8万亿元。农村既是最大的消费增长点，又是最需要生产要素的地方，但目前在全国消费平台中农村占比仍不够高。[①] 第三，区域发展不平衡问题依然严峻。近年来区域发展平衡性显著增强，基本公共服务均等化水平不断提高，基础设施不断跟进，但东西部地区经济总量的绝对差距仍在扩大，部分区域发展受多种因素制约，发展活力不足。第四，民生领域还存在一些短板弱项，如就业压力仍然较大，住房投资属性较强，教育资源配置不均衡，老百姓看病贵、看病难等问题依旧存在。

二、国内大循环存在的堵点

畅通国内大循环，关键在于找到生产、流通、分配、消费环节中的屏障和阻碍，打通制约国民经济循环的堵点和痛点。

一是供给侧的冲击。第一，部分中小微企业经营困难。外部环境依然复杂严峻，中小企业受外部影响波动较大，受到市场和成本两头挤压，短期内仍然面临订单

① 参见王蕴：《激发农村消费更大活力》，载《经济日报》2023年8月4日，第11版。

不足和效益下降的困难，同时租金、原材料、雇工、公共事业费等成本压力持续上升。由于中小企业试错成本较高且融资能力较弱，实施智能化改造和数字化转型进程缓慢，企业的创新发展速度难以跟上市场更新换代的速度。第二，本土“链主”企业在全球产业链中缺少强竞争力。美国推动所谓“友岸外包”“近岸外包”，寻求供应链“去中国化”，人为割裂全球产供链。国内大部分制造企业仍处于国际产业链分工中的加工、组装等低附加值环节，满足于“两头在外”发展模式，自主研发设计能力差，加上地方保护、区域壁垒等积弊，导致企业缺乏主导行业生态和资源整合的能力。第三，产业体系“全而不优”“全而不强”，产业转型陷入瓶颈。从产业结构上看，我国产业结构偏重、能源结构偏煤、运输结构偏公路货运的状况没有根本改变，绿色技术水平总体不高。工业碳排放占我国碳排放量的比重仍很高，制造业绿色化转型任重道远。其中，发电、钢铁、建材、有色金属、石化、化工、造纸和航空等重点行业的碳排放量在全社会总体排放量中的占比约为75%。[①] 从产业分级上看，我国低端产业产能过剩，先进装备、核心部件、

① 参见《为碳市场健康发展提供法律保障——有关部门解读〈碳排放权交易管理暂行条例〉》，载中国政府网，https：//www. gov. cn/zhengce/202402/content_ 6934373. htm，最后访问时间：2024 年 7 月 22 日。

高性能材料等中高端产业的保障需求不能得到有效满足，导致低端市场同质化竞争严重，中高端市场发展缺乏技术和基础设施支持。大量企业仍未完成数字化升级，与人工智能等前沿技术的融合还处于初级阶段。第四，我国创新体系存在结构性短板，科技供给质量有待提高。一方面，基础科学研究存在欠缺，在工业母机、高端芯片、基础软硬件、开发平台、基本算法、基础元器件、基础材料等方面瓶颈仍然突出；另一方面，我国技术知识体系和产业知识体系不牢固，部分关键核心技术受制于人的局面没有完全改善。现今，大国博弈重心逐渐转向科技创新竞赛和技术权力竞争，而中国在芯片等领域的基础研究相对薄弱，仍有被“卡脖子”的风险。第五，现代服务业高端化、品质化发展亟须提质升级。从高端化方面看，生产性服务业企业在研发设计、物流系统、数据信息系统、知识产权等方面投入不足。同时，服务业数字化主要停留在经营环节降本增效层面，全链路数字化渗透率仍较低，服务业对农业、制造业的全产业链支撑作用不足。[①] 从品牌化角度看，品牌在识别体验性和差异化产品方面对消费者的引领作用逐渐增强，但当前产品服务质量、标准、创新和信用等方面尚未建立起核

---

① 参见刘奕、夏杰长：《中国式现代化视域下的服务业新体系》，载《光明日报》2023 年 8 月 16 日，第 11 版。

心竞争优势，中国品牌建设还存在国际知名度较小、竞争力较弱、市场认可度较低等问题。

二是需求侧的收缩。第一，消费者购买力降低，消费刺激政策的精准度和力度不足。一方面，居民收入增长缓慢或停滞，消费更加审慎。麦肯锡《2024 中国消费趋势调研》显示，消费在家庭可支配收入中的占比微降 0.2 个百分点，居民储蓄意愿仍然强劲，短期内消费潜力未完全释放；[①] 另一方面，断供潮、法拍房来袭，居民偿还房贷、车贷等"消费贷"压力大。根据央行统计，截至 2023 年年末，个人住房贷款余额 38.17 万亿元，同比下降 1.6%，增速比 2022 年年末低 2.8 个百分点。[②] 第二，就业难等问题加重经济下行压力，严重打击市场消费。2024 年 4 月，全国城镇不包含在校生的 16—24 岁劳动力失业率高达 14.7%。[③] 失业使大量家庭发生断供，2023 年，法拍房源挂拍量同比增长 21.3 万套。[④] 前期多

---

① 参见《麦肯锡 2024 中国消费趋势调研：预期谨慎 存在潜力》，载中国机械工程学会网，https：//www. cmes. org/library/recom/a01d257941d749a393ea4ee4f8da79fc. html，最后访问时间：2024 年 7 月 24 日。

② 参见《2023 年金融机构贷款投向统计报告》，载中国人民银行网，http：//www. pbc. gov. cn/goutongjiaoliu/113456/113469/5221508/index. html，最后访问时间：2024 年 7 月 27 日。

③ 参见《城镇调查失业率月度数据》，载国家统计局网，https：//data. stats. gov. cn/easyquery. htm？ cn = A01，最后访问时间：2024 年 7 月 27 日。

④ 参见《9.6 万套！2023 年全国法拍房总量创新高》，载北京日报客户端网，https：//xinwen. bjd. com. cn/content/s65af11a3e4b064178155d00b. html，最后访问时间：2024 年 7 月 27 日。

种因素导致的经济下行造成需求疲弱，叠加了劳动力供给量的激增，加剧了人力资本供给与需求的不匹配。第三，一些地方经济财政形势面临风险。一方面，房地产对经济和财政的拖累明显，多个经济大省财政收入低增长，引起基层“三保”压力加大。数据显示，2024 年 1—5 月，全国一般公共预算收入同比为 -2.8%；东北、东部、中部、西部地区地方一般公共预算收入同比分别为 5.9%、1.2%、-1.6%、-0.6%。① 另一方面，财政运行紧平衡，一定程度上制约了积极财政的力度，化债背景下部分地方政府面临还本付息压力。截至 6 月 27 日，2024 年新增专项债累计发行仅 1.43 万亿元，完成进度 36.7%，进度明显低于前两年。从重点化债省份 2024 年发行情况看，贵州、黑龙江、云南、宁夏、青海五个省份新增专项债发行“挂零”。② 第四，分配制度长期向资本倾斜，社会保障体系覆盖广度和基本公共服务均等化程度因形势改变亟须加速变革。截至 2021 年年底，我国灵活就业人员已经达到 2 亿人，其中主播及相关从业

---

① 参见罗志恒：《当前财政形势及对策建议，推动地方从应急状态回归常态》，载新浪网，https：//finance. sina. com. cn/zl/china/2024 - 06 - 28/zl-incafxzu6312739. shtml，最后访问时间：2024 年 7 月 22 日。

② 参见罗志恒：《当前财政形势及对策建议，推动地方从应急状态回归常态》，载新浪网，https：//finance. sina. com. cn/zl/china/2024 - 06 - 28/zl-incafxzu6312739. shtml，最后访问时间：2024 年 7 月 22 日。

人员160多万人，较2020年增加近3倍。[①] 传统劳动关系基础之上的社会保险制度的不适应性日益显性化。此外，少子化、高龄化已成不可逆转的发展态势，对现行社会保障制度构成了全方位的挑战。根据育娲人口研究的《中国人口预测报告2023版》数据，预计中国在2032年左右进入老年人口占比超20%的超级老龄化社会，之后持续快速上升至2060年的约40.17%，企稳一段后将再度上升至2078年及之后的50.39%左右。[②] 第五，外贸虽有向好势头但存在不确定性。外需增势并不稳固，主要市场补库存力度和持续性有待观察，加上地缘政治、贸易壁垒、航运价格等干扰因素增多，企业接单履约仍面临较多不确定性。2023年我国外贸出口增速明显减缓。2023年我国进出口总值41.76万亿元人民币，同比增长0.2%。其中，出口23.77万亿元，增长0.6%；进口17.99万亿元，下降0.3%。[③] 第六，农户返贫致贫风险加大。结构性失业、疾病、灾害、事故等致贫因素和风险诱导返贫。"输血式"帮扶向"造血式"帮扶转变遇阻。帮扶工作队伍和人才的衔接不到位，对口支援单位

---

① 参见《数字经济打开就业新空间，灵活就业成吸纳就业重要渠道》，载人民网，http：//finance.people.com.cn/n1/2022/0530/c1004－32434223.html，最后访问时间：2024年7月22日。

② 参见梁建章等：《中国人口预测报告2023版》，载育娲人口研究网，https：//file.c-ctrip.com/files/6/yuwa/0R70112000ap4aa8z4B12.pdf，最后访问时间：2024年7月22日。

③ 参见《"新三样"产品出口突破万亿元》，载《人民日报》2024年1月13日，第2版。

急于求成，以灌输式资源短期支援，未形成地区间优势资源的有效互补。

三是要素市场化改革亟须提速。第一，土地资源在城乡区域流动受限。一方面，城镇房地产需求大幅回落，各地烂尾楼断供事件持续发酵；另一方面，农村宅基地交易缺乏有效市场和制度支撑，既无法上市也不能用于金融抵押，农民无法从中获得财产性收入。全国农民工总量达2.9亿人，全国农村至少有7000万套闲置房屋，闲置宅基地面积达3000万亩左右。[①] 第二，劳动力流动受阻。以户籍为中心的体制阻碍农村人口和劳动力迁移和流动，国有生产企业、事业单位和党政司法机构存在体制性剩余。保守估计，农村体制性剩余劳动力规模在16700万人左右，国有行政事业等单位就业员工的体制性剩余人员推算至少1020万人。[②] 第三，金融行业数据要素流通共享相关标准体系有待完善。流通体系中，经营主体涉及批发商、零售商、物流企业等众多主体，几乎所有的经营主体都有资金融通需求。金融、房地产与实体经济发展不均衡的问题突出，中国金融业增加值占GDP比例从2011年的6.3%提高到2016年的8.4%，已

① 参见徐永德：《以农村宅基地改革推动乡村振兴》，载《光明日报》2021年1月18日，第2版。

② 参见周天勇：《体制剩余：转轨经济学的一个重要范畴——体制性剩余要素市场化改革及经济增长的新潜能》，载《学术月刊》2021年第4期。

超过美国在 2008 年发生金融危机时的最高比例 7.8% 。[①] 资金流入房地产行业或在金融业内部自我循环，加大金融体系风险，加重实体经济融资困难。第四，互联互通的全国技术交易网络有待完善。全国技术交易市场规模持续扩大，然而存在信息“孤岛”和碎片式运营现象。科技成果转移转化缺乏成果平台的支撑，各市场主体间的科技资源信息缺乏高效快捷的互联互通，甚至各技术交易场所间的交易信息也没有统一的发布标准和网络系统平台。从当前技术合同交易主体结构看，80% 以上是企业之间的交易。[②] 技术具有非标性、无形性、依附性、风险大、不确定等特点，需依附特定的研发机构、人才、企业而存在，难以纯粹交易。第五，数据要素场内交易市场不活跃。我国场内数据交易规模仅占到整个数据交易规模的 5% 左右，场内数据产品有效供给不足。[③] 信息化建设的不平衡导致个人、企业与政府之间存在信息不对称、共享渠道缺乏等问题。企业内部数据之间定义不清、口径不同导致的无法兼容，增加企业内部不同部门

① 参见黄群慧：《在协调发展中扎实推进共同富裕》，载《光明日报》2022 年 1 月 4 日，第 11 版。

② 参见郑珂、胡锴：《全国统一大市场背景下技术市场建设的问题、内涵与对策》，载《科技导报》2022 年第 21 期。

③ 参见《数据要素市场建设：现状、问题和建议》，载中国人民大学经济研究所网，http：//ier. ruc. edu. cn/docs/2024 - 04/0e4c224693a34d41ade58abebcbc48b0. pdf，最后访问时间：2024 年 7 月 27 日。

数据整合与数据交互成本。用户数据存在信息安全泄露风险，2022 年，82.3% 网民表示由于个人信息泄露对日常生活造成影响，49.7% 网民认为出现个人信息泄露情况。① 第六，能源资源供需格局不合理。当前我国能源需求在保障总量、能源高峰季节调节上压力巨大。目前我国能源生产总量约占世界的 1/5，消费总量约占世界的 1/4，而人均能源消费仅为经济合作与发展组织（OECD）国家平均水平的 2/3 左右。14 亿多人口整体迈进现代化社会，规模超过现有发达国家的总和，能源消费需求仍将刚性增长。② 第七，各要素协同配置的效能有待提升。要素流动在城乡间、区域间、行业间存在土地用途变更、新市民户口登记、人才自由流动、科技成果转化、数据开放共享与交易流通等方面的各种体制障碍。

四是流通效率有待提高。第一，物流基础设施仍不完善。物流运输体系一体化水平不高，物流网络分布不均衡。运输方式协同融合不够，运输组织化程度不高。农村地区物流基础设施建设滞后，物流体系末端循环不畅。第二，物流体系现代化程度不高，效率低、成本高，应急性不强。物流企业缺乏创新动力，研发投入低，商

① 参见黄敦平：《数据要素市场亟待治理的四大难题》，载《学习时报》2023 年 4 月 19 日，第 2 版。

② 参见中共国家能源局党组：《加快建设新型能源体系 提高能源资源安全保障能力》，载《求是》2024 年第 11 期。

业模式创新、组织创新、技术创新、管理创新滞后。根据国家统计局数据，2023 年，我国社会物流总费用占 GDP 的比重为 14.4%。[①] 农村冷链物流体系建设仍存短板，基础设施薄弱、供应链服务体系不健全、标准化程度较低、冷链物流成本高、专业人才匮乏等问题依然突出。第三，流通领域融资难融资贵问题尚待解决，信息应用水平有待提升。物流平台前期研发投入成本高，缺乏相关技术人才支撑企业平台运营，仅购买软件服务又无法满足企业实际业务需求。现行税务体制下，网络货运平台企业进项获取难、抵扣链条不完整、进项错配等问题依然难以解决，使得企业不得不依靠财政奖励弥补进项不足，导致成本上升。[②]

五是治理效能有待提升。第一，商品和要素自由流动仍面临隐性壁垒。政府颁布标准与市场自主制定标准二元结构有待优化，农业、工业、服务业和社会事业等领域标准需要广泛普及，市场分割、地方保护和行业的限行、限购仍然存在。第二，数据要素市场化配置的制度体系还不健全。由于数据权益制度不健全，政府、行业、组织等多方在数据要素市场中的权责边界不清，国

---

① 参见《2023 年全国物流运行情况通报》，载中国物流信息中心网，http://www.clic.org.cn/wltjwlyx/311086.jhtml，最后访问时间：2024 年 7 月 22 日。

② 参见崔忠付：《我国物流服务平台发展现状与未来趋势》，载《中国物流与采购》2023 年第 5 期，第 17 页。

内数据交易规则程序尚不明晰，数据产权界定和定价机制不明确。在我国已成立的地方数据交易机构中，没有一家属于公益性质。数据交易机构为数据供需双方提供交易撮合服务，同时承担着交易数据来源的合法性检验等职责，既是运动员，又是裁判员。第三，知识产权转化运用机制有待加强。2022 年年底，我国发明专利有效量为 421.2 万件，[①] 发明专利产业化率却为 36.7%，而高校发明专利产业化率仅为 3.9%，大量专利技术被闲置。[②] 第四，投诉机制和纠纷解决机制运行效率低。网络消费领域制度供给不足，个别部门工作人员对消费者投诉受理不够及时、处理不够积极，遇上一点阻力就后退，甚至把问题当作“皮球”踢，存在多一事不如少一事的应付心态。第五，公平竞争审查制度仍需督促落实。2023 年，全国市场监管部门会同审查政策措施 9119 件、发送整改建议书 1155 份，各地区、各部门修订或者废止违反公平竞争审查制度的政策措施 1.76 万件。[③]

① 参见《我国发明专利有效量达 421.2 万件》，载《人民日报》2023 年 2 月 13 日，第 1 版。

② 参见《2022 年中国专利调查报告》，载国家知识产权局网，https：//www.cnipa.gov.cn/art/2022/12/28/art_88_181043.html，最后访问时间：2024 年 7 月 27 日。

③ 参见《全国统一大市场建设破除一批行政性垄断堵点》，载《人民日报》2024 年 3 月 30 日，第 5 版。

三、初步建议

党的二十届三中全会决定提出，“以经济体制改革为牵引”，[①] 全面部署各领域各方面的改革，畅通国内大循环，以更好适应我国社会主要矛盾变化，推动高质量发展。

一是提升产业链供应链现代化水平。第一，提升产业链供应链创新力。聚合我国庞大的“政产学研金用”网络，加强共性技术平台建设，提升关键核心技术自给率，加快攻克重要领域“卡脖子”技术，掌握更多“杀手锏”式技术。联通研发基地和生产基地，持续建设知识产权保护体系，完善科技创新激励机制和科技评价机制，落实好“军令状”“揭榜挂帅”、科研经费“包干制”等机制。加快推进数字经济、智能制造、新材料等战略性新兴产业，推动专精特新“小巨人”企业培育，建设重大科技基础设施集群，加快培育关键零部件产业链。举办全球创新创业赛会，提高外籍人才居留便利度，改革科技人才评价制度，促进创新链产业链资金链人才链“四链”融合。第二，提升产业链供应链附加值。推

---

① 《中共中央关于进一步全面深化改革　推进中国式现代化的决定》，载《人民日报》2024 年 7 月 22 日，第 1 版。

动产业向“微笑曲线”两端发展，促进绿色产品认证，标准质量建设和自主品牌、国货潮牌、新锐品牌建设。比如，苏州持续提升“双12苏州购物节”等活动影响力，[①] 强化老字号品牌推广，大力发展首店经济、首发经济、夜间经济。第三，培育绿色高质量的产业链供应链。加快传统产业转型升级，主攻特色优势产业，因地制宜发展新质生产力。在碳达峰碳中和框架下，逐步和有序实现我国生产生活方式全面绿色低碳转型。推动农文旅融合发展，构建以产业生态化和生态产业化为主体的生态经济体系。例如，渝东北三峡库区城镇群突出生态优先绿色发展，推动万州建设区域性中心城市，推进万开云同城化发展，[②] 加快“三峡库心·长江盆景”等跨区域合作平台建设。[③] 第四，突出企业创新主体地位，推动创新要素向企业集聚。发挥大企业引领支撑作用，支持中小企业成为创新重要发源地。例如，广州围绕本市21条产业链，采用“领导挂帅、全线上阵、全员配合”系统性机制，[④] 引导龙头企业建设功能定位明确、目标激励相

① 参见《第三届“双12苏州购物节”12月11日启幕》，载《苏州日报》2022年12月12日，第A02版。

② 参见《打好“三峡牌”建好“城镇群”数读渝东北三峡库区城镇群发展》，载《重庆日报》2021年10月19日，第13版。

③ 参见《重庆发布“三峡库心·长江盆景”跨区域发展规划》，载《重庆日报》2021年3月3日，第4版。

④ 参见《广州“链长制”正式启动》，载《广州日报》2021年6月25日，第A07版。

容、成果产出高效的创新联合体，构建“领军企业＋产业园区＋大院大所”协同创新模式，推进“产业＋产业链＋产业集群”共振发展。

二是进一步挖掘内需潜力。第一，增强居民收入对扩大消费的基础作用。深化收入分配制度改革，降低资本要素分配比重，提高劳动要素分配比重，稳定重点群体就业，抓紧研究制定保障灵活就业和新就业形态劳动者权益的法律法规和制度体系，推动形成橄榄型的收入分配格局。完善高校毕业生、退役军人等重点群体就业支持体系，加强就业困难群体帮扶，健全职业技能培训政策体系。第二，规范市场秩序，大力保护消费者合法权益。整治预付式消费，规范差异化定价，以显著方式提醒自动续费问题。例如，北京推动出台《北京市单用途预付卡管理条例》，抓好预付式消费退费难和网络消费纠纷两大“每月一题”牵头任务，改善消费环境。[①] 第三，发挥超大规模市场的需求优势，孕育产业消费新增长点，激励绿色消费、健康消费、智能消费等新消费模式。例如，杭州将从四方面挖潜，更好释放经济活力：挖潜直播消费，开展“杭城好物”百场千企万品直播电商拓市行动，扩大本土品牌消费；挖潜展会

① 参见《从根源上治理预付卡消费退费难“每月一题”推动“办卡”立法》，载《北京日报》2021 年 6 月 14 日，第 1 版。

消费，办好西博会、数贸会两大品牌展会，打造国际会展之都；挖潜首店消费，在“中国首店”数量全国第二的基础上，再招引百家以上全球全国首店；挖潜跨境消费，推出“掌上退税”服务，打造外国人来华消费首选城市。[①] 第四，推动汽车等消费品由购买管理向使用管理转变，促进住房消费健康发展。推动地区逐步取消汽车限购措施，持续举办汽车消费节，刺激汽车消费热潮。加快建立多主体供给、多渠道保障、租购并举的住房制度。例如，南京市住房公积金管理中心发布《关于实施存量住房“以旧换新”活动住房公积金配套措施的通知》，对于参与存量住房“以旧换新”活动的缴存职工，参照南京市多子女家庭住房公积金贷款额度，新购房住房公积金贷款最高额度上浮20%，个人为60万元，家庭为120万元。[②] 第五，实施好大规模设备更新和消费品以旧换新政策。建立健全落实报废机动车回收、拆解、二手车交易配套体系。根据中汽协方面预测，2024年我国汽车总销量将超过3100万辆。据国家信息中心预测，2024年我国汽车市场换购需求占总

① 参见《市“两会”上的“商务声音”：四个领域挖掘潜力 打造国际新型消费中心》，载杭州市商务局网，http：//sww. hangzhou. gov. cn/art/2024/2/1/art_ 1229307777_ 58901198. html，最后访问时间：2024年7月27日。

② 参见《存量房“以旧换新”，公积金贷款额度上浮20%》，载《南京日报》2024年7月6日，第A03版。

需求的比重将为44%，到2025年有望提高到48%左右，这样的换购比例将带来可观的汽车销售增量。仅汽车、家电的更新换代，预计能创造超过万亿规模的市场空间。[①]

三是拓宽有效投资空间。第一，推动生活性服务业向高品质和多样化升级。从加大基础设施建设投入转向加大对社保、医疗、教育等更关乎个人幸福感的领域的投资力度，减轻家庭大头支出。例如，上海加快打造国家中医药综合改革示范区，围绕临床重大疑难疾病，针对协作病种发生、发展过程中的某一阶段、关键环节，开展中西医协作联合攻关，形成一批重大疑难疾病中西医结合诊疗方案和技术，推动形成具有中国特色的医学体系基本框架。[②] 杭州建设“15分钟公共法律服务圈”[③]“15分钟品质文化生活圈”[④]，实施以困难家庭为单位的医疗费用负担封顶制，全面推行长期护理保险制度。第二，深化金融供给侧结构性改革，提高金融服务实体经

---

① 参见《实行大规模设备更新和消费品以旧换新 既利当前、更利长远》，载国家发展改革委员会网，https：//www. ndrc. gov. cn/xxgk/jd/jd/202403/t20240315_ 1364974. html，最后访问时间：2024年7月22日。

② 参见《上海市国家中医药综合改革示范区建设方案》，载上海市人民政府网，https：//www. shanghai. gov. cn/nw12344/20220728/60d944307ad84b929aaabaa7ae36556f. html，最后访问时间：2024年7月27日。

③ 《浙江全域打造15分钟公共法律服务圈》，载《浙江日报》2024年6月10日，第1版。

④ 《今年杭州新增537个“15分钟品质文化生活圈”》，载《杭州日报》2023年12月1日，第A11版。

济的能力。建设现代中央银行制度，构建金融有效支持实体经济的体制机制，健全金融风险预防、预警、处置、问责制度体系，促进实体经济与金融协调发展，实现“科技—产业—金融”的高水平循环。第三，进一步丰富消费场景。培育数字消费新势力，培育餐饮、文旅体育、购物、大宗商品、健康养老托育以及社区消费新场景。如找准中医药文化与健康新需求的契合点，拥抱“国潮”概念，开拓更多应用场景与产品类别；加大夜间经济的文化供给力度，延长文旅产业的链条等。

四是建设高效顺畅的现代流通体系。第一，统筹推进现代流通体系硬件和软件建设，加快基础设施建设与业态创新。第二，打破制度壁垒，转变“重生产轻流通、重制造轻服务”的思想观念，清理妨碍公平竞争的政策文件。2017 年 8 月 23 日，由交通运输部公开的《关于全面清理规范交通运输领域行政处罚、行政检查和涉企收费的通知》要求，清理并减少各类检查和罚款，建立涉企收费目录清单制度，严禁越权收费、超标准收费、自设收费项目、重复收费，杜绝中介机构利用政府影响违规收费，行业协会不得强制企业入会或违规收费。[①] 湖北

① 参见《交通运输部关于全面清理规范交通运输领域行政处罚、行政检查和涉企收费的通知》，载中国交通运输部网，https://xxgk.mot.gov.cn/2020/jigou/fgs/202006/t20200623_3307891.html，最后访问时间：2024 年 7 月 27 日。

对符合条件的多式联运企业进行奖补，还推出多式联运海关通关等一系列新政策。[①] 第三，以创新驱动现代流通体系建设。将物流服务从消费端延伸至供应链前端，提高流通效率；推进设备的智能化低碳化升级，重点实现数字化、组织化、绿色化、国际化。例如，京东物流的智能快递车依托 L4 级别自动驾驶技术和北斗卫星定位系统，能顺利完成“无接触配送”任务。[②] 第四，推进农村流通体系建设。协同补齐冷链物流短板，推动农村寄递物流体系建设，着力提升区域综合运输能力。建立农村电商物流协同平台，加强农村物流人才的培养与引进，建立一个以农村为节点的物流配送网络，构建起农产品的多元化展示与销售渠道，如线上商城、直播带货与社群营销等，扩大消费者的选择范围，增加交易的机会。第五，培育具有国际竞争力的现代流通企业。逐步形成以头部企业为引领、中小企业共同发展的局面。第六，建设“两沿十廊”国际物流大通道，强化服务共建“一带一路”的多元化国际物流通道辐射能力。中欧班列已累计开行 8.1 万列，通达欧洲 25 个国家的 217 个城市，

① 参见《打通堵点 货畅其流——我国推进多式联运发展扫描》，载新华网，http：//www. news. cn/fortune/20240328/5cca1414e7284bea807e5ef9ea005f0d/c. html，最后访问时间：2024 年 7 月 22 日。

② 参见《京东研发 L4 级别自动驾驶技术落地应用 远程配送无人化》，载中国新闻网，https：//www. chinanews. com. cn/cj/2020/04 - 13/9155789. shtml，最后访问时间：2024 年 7 月 22 日。

运输服务网络覆盖欧洲全境，[①] 立体化、全方位、多层次的“一带一路”交通互联互通网络加快建设。

五是破除地域间利益藩篱与政策壁垒，构建统一大市场。第一，完善优势互补的区域经济布局，建立区域均衡度评估机制及指标体系。北京不断推进平原新城、城市南部地区、新首钢地区等重点区域建设，[②] 深入开展对口支援合作，全力支持雄安新区建设，实现京雄高速北京段主体工程完工；[③] 加快构建现代化首都都市圈，加快平谷线、京唐（滨）城际铁路等项目建设，打造“轨道上的京津冀”。[④] 第二，强化市场基础制度规则统一，进行财税体制改革。严格落实税收法定原则，明确财政补贴范围；进一步厘清中央与地方事权和支出责任，提高中央支出比重；强化转移支付激励约束，保持宏观税负和基本税制稳定。川渝探索经济区与行政区适度分离区域一体化征管改革，在高竹新区组建全国首个跨省域

① 参见《累计开行 8.1 万列！中欧班列运输服务网络覆盖欧洲全境》，载中国政府网，https：//www. gov. cn/yaowen/liebiao/202311/content_ 6916970. htm，最后访问时间：2024 年 7 月 27 日。

② 参见《北京市发布促进平原新城高质量发展“路线图”》，载中国政府网，https：//www. gov. cn/xinwen/2021 -08/12/content_ 5630969. htm，最后访问时间：2024 年 7 月 27 日。

③ 参见《北京多措并举支持雄安新区建设 雄安新区承接能力大幅提升》，载北京市人民政府网，https：//www. beijing. gov. cn/ywdt/gzdt/202106/t20210606_ 2407683. html，2024 年 7 月 27 日。

④ 参见《围绕四大功能 努力创造“城市副中心质量”》，载《北京城市副中心报》2022 年 4 月 18 日，第 4 版。

税费征管服务中心。[1] 第三，打造统一的要素和资源市场，着力提高全要素生产率。加强科技基础能力建设，优化人口发展战略，建立生育支持政策体系，健全资本市场功能。实现要素市场化配置，健全要素市场运行机制，完善要素交易规则和服务体系，健全要素评价分配机制。统筹数据资源整合共享和开发利用，提升要素流动性，关注个人数据和重要数据的保护。广州海珠区作为广东省数据经纪人试点区，出台《广州市海珠区数据经纪人试点工作方案》，探索设立社会性数据经纪机构，推出全国首批数据经纪人；在省内率先制定数据经纪人选取标准，规范数据要素市场流通中介服务，指导数据经纪人发布产品目录。[2] 第四，构建城乡统一的建设用地市场。福州东部片区作为福州实施城乡融合的核心空间载体，探索建立城乡有序流动的人口迁徙制度，搭建城中村改造合作平台和城乡产业协同发展平台，建立生态产品价值实现机制及城乡基础设施一体化发展体制机制，进一步支撑了城乡之间的要素流动，畅通了城乡要素流动的“大动脉”，形成了良性的“大动脉—微循环”的

① 参见《跨省新区探路行政区与经济区适度分离改革》，载《中国改革报》2024 年 5 月 17 日，第 1 版。

② 参见《全国二十强！海珠数据经纪人试点再摘桂冠》，载广州市人民政府网，https：//www. gz. gov. cn/xw/zwlb/gqdt/hzq/content/post_ 8771351. html，最后访问时间：2024 年 7 月22 日。

城乡要素流动系统。[①] 第五，健全全国一体化技术和数据市场，统一规范、信息共享的招标投标和公共资源交易平台体系，一体衔接的流通规则和标准。杭州构筑科技成果转移转化首选地，提供全方位的科技成果转移转化服务；以"政府主导、市场主体、公司运作、市场机制"的方式运行，在供给侧、需求侧、服务侧建设一批龙头机构参与的专业化技术转移转化服务平台公司；构建科技成果线上交易平台，实现线上线下联动。[②] 第六，完善内外贸一体化调控体系，建设市场化、法治化、国际化一流营商环境。修订扩大鼓励外商投资产业目录，畅通外资企业诉求反映和解决渠道，修订妨碍内外贸一体化的制度，加强国内市场规则与国际通行贸易规则对接，促进企业拓展内外贸业务。东莞市第一人民法院与东莞市外商企业投资协会签订成立"外商企业司法服务站"，为外商企业"引进来""走出去"提供一站式行业预警、法律咨询、合规经营、权益维护等综合性法律服务，促进外商企业在莞合规健康发展。[③]

六是推动法治政府和服务型政府建设深度融合。第

---

① 参见张秋仪、张杨、杨培峰等:《我国城乡融合发展演化过程及福州实践》，载《规划师》2021 年第 5 期。

② 参见《杭转中心助力打通 科技成果转移转化"最后一公里"》，载《杭州日报》2023 年 6 月 6 日，第 A09 版。

③ 参见《东莞成立全省首个外商企业司法服务站！助推外企引进来走出去》，载《南方日报》2024 年 7 月 13 日，第 A04 版。

一，深化立法领域改革，完善促进机会公平制度机制。加快制定民营经济促进法、金融法、民族团结进步促进法、反跨境腐败法，修改监督法、监察法，编纂生态环境法典，[①] 要聚焦依法保护民营企业产权和企业家权益、公平参与市场竞争、平等使用生产要素、公平执法公正司法、中小企业账款拖欠治理等民营企业核心关切，为促进国内经济大循环提供法治保障。第二，健全政府投资有效带动社会投资体制机制，形成市场主导的有效投资内生增长机制。南京持续优化投资环境，发布面向民间资本推介项目清单，[②] 深化政府搭台、企业衔接的供应对接机制，推动政府性融资担保机构提升对小微企业、个体工商户等主体的担保融资服务水平，不断激发民间投资的内生动力。第三，坚决纠正把经济纠纷当作犯罪处理，保护民营企业产权和企业家合法权益。积极开展涉案企业合规改革实践，对于依法可判处缓刑、免于刑事处罚的民营企业适用刑事合规程序，依法从宽处罚，对于部分适用行政合规程序的企业可以帮助其减少行政处罚金额，调整企业信用，将合规改革落到实处。

---

① 参见《坚定不移高举改革开放旗帜、紧紧围绕推进中国式现代化进一步全面深化改革——中共中央举行新闻发布会解读党的二十届三中全会精神》，载新华网，http：//www. news. cn/20240719/52fa00b73c534b8790cf39ae985064f8/c. html，最后访问时间：2024 年 7 月 26 日。

② 参见《江苏鼓励民间投资发布首批 430 个推介项目清单》，载新华网，http：//csj. news. cn/2023 - 10/02/c_ 1310743997. htm，最后访问时间：2024 年 7 月 26 日。

七是健全城乡发展一体化体制机制。第一，推行由常住地登记户口提供基本公共服务制度。2023 年以来，户籍制度改革持续深化，广州、深圳、南京、武汉、郑州、西安、成都等多个一二线城市对户籍政策实施进一步调整。浙江提出实行户籍准入年限累计互认，打通了长三角多个经济大市落户通道。山东则提出将全面取消城区常住人口 300 万以下的城市落户限制，郑州甚至提出租房即可落户，以刺激人口流入。第二，完善覆盖农村人口的常态化防止返贫致贫机制。河北从 2019 年开始探索建立脱贫防贫长效机制，在保持主要帮扶政策稳定的基础上，将监测范围覆盖到所有农村人口，最大限度织牢防止因病致贫返贫的网底；通过基层摸排，提取全省大病救治台账中 30 种大病患者超过 75.3 万人，累计向乡村振兴部门推送高风险人员 1.9 万例，有效防止了因病致贫返贫问题。[①] 第三，统筹建立粮食产销区省际横向利益补偿机制。根据国家统计局数据，2023 年河北、内蒙古、吉林、黑龙江、辽宁、江苏等 13 个主产区粮食产量合计达 54171 万吨，占全国粮食总产量的 77.9%；北京、天津、上海、浙江、福建等 7 个主销区粮食产量

① 参见《健康乡村建设“护航”乡村振兴——国家卫生健康委介绍巩固拓展健康扶贫成果》，载新华网，http：//www. news. cn/fortune/2023 - 12/15/c_ 1130030216. htm，最后访问时间：2024 年 7 月 26 日。

合计2987.4万吨，仅占全国粮食总产量的4.3%，这些地区需要大量调入主产区粮食来满足稳定供给。主产区省份往往面临“粮财倒挂”“高产穷县”的困境，与广东、福建、浙江等经济发达的主销区省份的经济差距越来越大，由此也影响了主产区的农民种粮积极性。通过加大对主产区财政转移支付力度，增加产粮大县奖励资金规模等方式来提升主产区的种粮积极性，保障粮食安全。[①] 第四，促进城乡区域经济循环。推动农业供给侧结构性改革，确保粮食等重要农产品安全。发挥中心城市和城市群带动作用，实施区域重大战略，建设现代化都市圈。

八是建设更高水平开放型经济新体制。第一，扩大自主开放，有序扩大商品市场、服务市场、资本市场、劳务市场等对外开放。广州紧抓热点流量，主动策划重大活动，在海外举办多场广州故事会及推介活动，宣传推介新时代广州新机遇；[②] 构建新型国际交流平台，敞开大门欢迎世界，共商共话国际议题。[③] 第二，完善境外人员入境居住、医疗、支付等生活便利制度，切实保障外

① 参见《粮食主产区利益省际间如何补偿？测算贡献度是操作难点》，载界面新闻网，https：//www.jiemian.com/article/10589116.html，最后访问时间：2024年7月22日。

② 参见《广州打好“五外联动”组合拳，不断扩大高水平对外开放》，载《南方日报》2024年7月6日，第A01版。

③ 参见《全力打好“五外联动”组合拳 以高水平对外开放促进广东高质量发展现代化建设》，载《广州日报》2024年7月6日，第A01版。

资企业国民待遇和合法权益。中国人民银行指导支付宝、财付通优化业务流程，提高境外银行卡绑卡效率；在切实保护个人信息安全的同时，简化身份验证安排；指导主要支付机构将外籍来华人员使用移动支付的单笔交易限额由1000美元提高到5000美元，年累计交易限额由1万美元提高到5万美元。[①] 第三，高质量共建“一带一路”。中国与150多个国家、30多个国际组织签署共建“一带一路”合作文件。2023年，中国与共建国家货物贸易额达19.5万亿元，增长2.8%，占进出口总额比重达46.6%，[②] 规模和占比均为倡议提出以来的最高水平。深入推进高质量共建“一带一路”，强化与周边国家和发展中国家的经济合作，将为我国经济发展提供丰富的市场需求和发展机遇，为畅通国内国际双循环，构建新发展格局提供强大动力。

① 参见《便利外籍来华人员移动支付》，载中国政府网，https：//www. gov. cn/xinwen/jdzc/202403/content_ 6935621. htm，最后访问时间：2024年7月22日。

② 参见《“一带一路”这十年》，载《中国经济周刊》2023年第20期。